Cocinas y Baños

Cucine e Bagni

Cozinhas e Casas de Banho

Director Editorial • Direttore Editoriale • Director Editorial
Nacho Asensio

Redacción • Redazione • Redacção
Joana Furió

Documentación • Documentazione • Documentação
Agnès Gallifa Hurtado

Diseño y maquetación • Design e grafica • Design e paginação
Núria Sordé Orpinell

Diseño de portada • Design della copertina • Design de capa
Carlos Gamboa Permanyer

Traducción • Traduzione • Traducção
Laura Renzetti (italiano)
Nuno Castro (português)

Producción • Produzione • Produção
Juanjo Rodríguez Novel

Proyecto editorial: Books Factory, S.L.
e-mail: books@booksfactory.org

Publicado por: Atrium Internacional de México, S.A. de C.V.
Fresas nº 60 (Colonia del Valle)
03200 México D.F. MÉXICO

Telf: +525 575 90 94
Fax: +525 559 21 52
e-mail: atriumex@laneta.apc.org
www.atrium.com.mx

ISBN: 84-95692-31-7
Depósito Legal: B-38.933-2001

Impreso en España
Grabasa, S.L.

Progetto editoriale: Books Factory, S.L.
e-mail: books@booksfactory.org

Pubblicato da: Atrium Internacional de México, S.A. de C.V.
Fresas nº 60 (Colonia del Valle)
03200 Messico D.F. MESSICO

Telf: +525 575 90 94
Fax: +525 559 21 52
e-mail: atriumex@laneta.apc.org
www.atrium.com.mx

ISBN: 88-8058-196-1
Deposito Legale: B-38.933-2001

Stampato in Spagna
Grabasa, S.L.

Projecto editorial: Books Factory, S.L.
e-mail: books@booksfactory.org

Publicado por: Atrium Internacional de México, S.A. de C.V.
Fresas nº 60 (Colonia del Valle)
03200 México D.F. MÉXICO

Telef: +525 575 90 94
Fax: +525 559 21 52
e-mail: atriumex@laneta.apc.org
www.atrium.com.mx

ISBN: 84-95692-79-1
Depósito Legal: B-38.933-2001

Impressão:
Grabasa, S.L.; Espanha

Cocinas y Baños

Cucine e Bagni

Cozinhas e Casas de Banho

Cocinas
Índice

Cucine
Indice

Cozinhas
Índice

Baños

Índice

Bagni

Indice

Casas de Banho

Índice

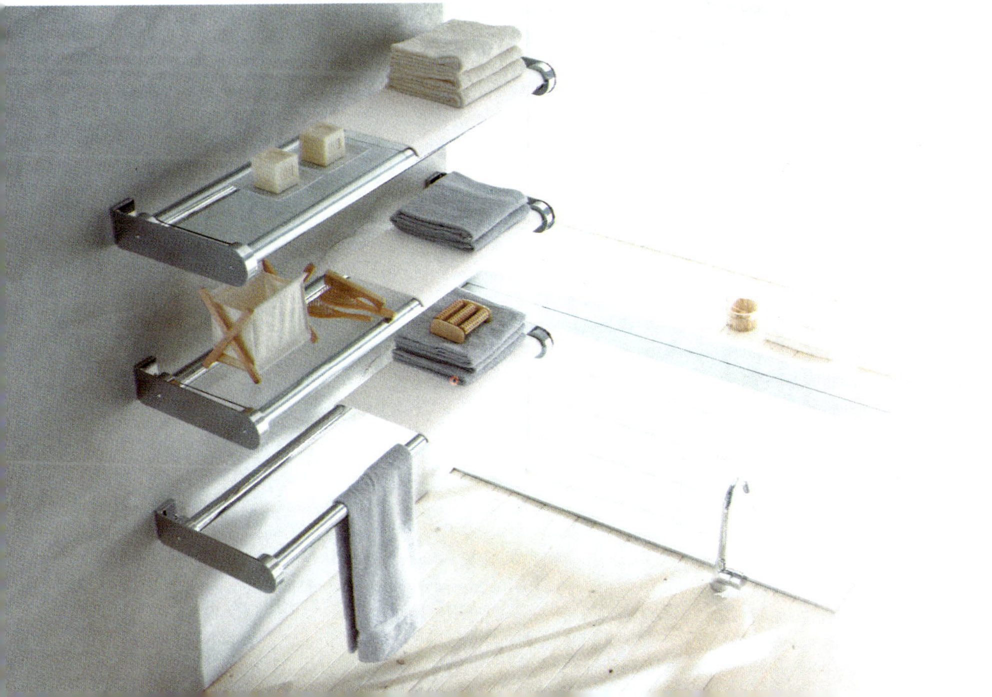

Introducción

La cocina y el baño son las dos estancias de la casa que mejor transmiten el espíritu de una época, más que el salón o los dormitorios, donde es fácil que, por sentimentalismo, se perpetúe la presencia de muebles, lámparas y cuadros heredados de padres a hijos sin someterlos al inapelable escrutinio de la funcionalidad.

Por esta razón, por mucho que a tenor de los años se alternen en el mercado lo clásico y lo moderno para fabricar escenificaciones de nuestro ideal hogareño, lo cierto es que una observación desapasionada de los componentes de estas habitaciones esenciales nos revelará su grado de armonía con los tiempos, no ya en su vertiente estética, (nos encontramos en el siglo del «todo vale»), sino social. Teniendo en cuenta que tanto la cocina como el baño son espacios eminentemente prácticos, asociados a la reproducción de la vida cotidiana y la higiene diarias respectivamente, no cabe prescindir de ningún avance tecnológico por mucho que nos agrade soñar con tiempos donde ya se desarrollaba a un ritmo menos exigente que el nuestro. O también podría ser que nuestro imaginario se elevara a una dimensión ideal de futuro donde las tareas más penosas, por rutinarias, serían abolidas y dejarían de formar parte de nuestras obligaciones.

Sin embargo, no por ello diríamos adiós a los electrodomésticos que tanto han hecho por nuestro bienestar; ni al agua caliente que nos permite mantener una higiene del cuerpo y el entorno que hoy día es también sinónimo de salud.

Ahora que todos estos logros son bienes asequibles para la mayoría, la innovación ya no consiste en crear nuevos artilugios que sustituyan tareas realizadas manualmente, sino en refinar sus prestaciones conjugando utilidad y belleza en una fusión donde, por una parte, el diseño asume el rol que antes cumplía una artesanía supeditada a la tradición mientras que la tecnología se encarga de presentar soluciones, invisibles o anodinas a primera vista, para apoyar esas visiones que configuran nuestro ideal de vida.

En su vertiente práctica, la citada conjunción de belleza y técnica se vislumbra en la estructuración del espacio. La cocina, principalmente, se erige en campo de pruebas de todos los avances en el sector. Tanto si es moderna, rústica, de diseño o tecnológica, la distribución de los espacios internos será un examen público de nuestra capacidad de organización. Si en materia de electrodomésticos asistimos a la introducción masiva de la electrónica, que rehuye los adornos superfluos dejando que las prestaciones acaparen el calificativo de lujo, el interior de armarios y cajones reniega del vacío y de la generalización despectiva del término «cajón de sastre» para revestirse de una misión armonizadora de la que emana una jerarquía propia para cada hogar donde los objetos ocuparán el lugar que les corresponda según su frecuencia de uso. Los ojos se nos abren como platos de admiración y deseo ante la visión de esos cajones con módulos encajados para albergar frascos con especias y legumbres, con sus orificios para los cuchillos o incluso con tomas de corriente para los pequeños electrodomésticos. Por no hablar de la calidad y la variedad de los materiales y acabados, estudiados y calibrados hasta el más mínimo detalle para soportar pesos y tamaños sin arruinar el proyecto de conjunto. Los rincones han dejado de ser el equivalente del «agu-

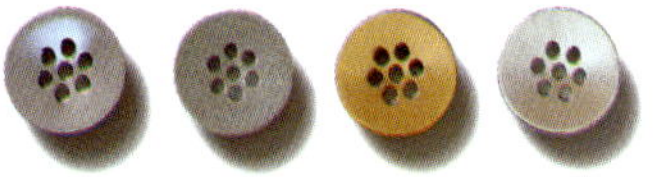

jero negro» cósmico para cumplir con su parte como garantes del orden mediante la inclusión de baldas extraíbles o giratorias en módulos pensados como piezas independientes. Múltiples soluciones en los sistemas de cierre o iluminación interna de armarios y vitrinas culminan una larga colección de aciertos que satisfacen por igual a los amantes del estilo urbano clásico o del post-moderno y colorista, reacio a seguir las reglas establecidas.

Las dos últimas décadas del siglo XX nos dejaron como herencia el culto al cuerpo y la preocupación por la salud como una responsabilidad individual. Si la cocina se organiza con la asepsia de un laboratorio donde elaborar los menús más saludables, el cuarto de baño deja de ser aquella ingrata pieza a la que nuestros abuelos daban el nombre de «excusado» para devenir un santuario del bienestar. Por más que los muebles o sanitarios se disfracen de un estilo u otro, rindiendo homenaje a los tiempos que mejor casan con los ideales de sus propietarios, resultará imposible sustraerse a la seducción de los nuevos diseños, máxime cuando éstos ofrecen todo un repertorio de propuestas cuyas virtudes salutíferas nos elevan a cotas que rayan lo sublime.

Si el humilde plato de ducha adquiere cualidades de excelencia con materiales que permiten crear superficies extraplanas, además de despedirse del blanco como color normativo, las bañeras (empotradas, adosadas o exentas) se dotan de múltiples formas y colores y, con las minipiscinas, de ingenios ocultos que convierten el baño, más que en un placer esporádico, en una experiencia espiritual repetible a voluntad. Respaldos, asas y fondos antideslizantes velan por la seguridad física del usuario, masajeado por aguas controladamente turbulentas, mientras la música que brota del altavoz disponible en algunos modelos, transforma el baño en una sesión de músicoterapia. En otro orden de cosas, las cabinas de hidromasaje o sauna constituyen la alternativa para quienes desean cuidarse pero cuentan con menos espacio en el cuarto de baño.

Los accesorios y la iluminación también forman parte de la preocupación por crear un ambiente adecuado a su función. Los primeros acostumbran a ser una derivación del estilo general si bien logran singularizarse gracias al rigor conceptual con que han sido ideados. En muchos casos, un simple colgador, una grifería o un estante combinan con tino gracia y utilidad trascendiendo su concreta funcionalidad para adquirir la prestancia de una pequeña escultura. Una correcta disposición de la luz, desglosada en luces puntuales y generales, creará el entorno más acorde con el estilo elegido para cada pieza. Aquí, las propuestas van del convencionalismo de un modelo en serie a la extravagancia de una lámpara «de autor», siempre a la búsqueda de unas señas de identidad propias entre lo mejor que nos ofrece el mercado.

Naturalmente, la visualización del estilo y los componentes que mejor traducen nuestra identidad no puede desmarcarse del ajuste de una serie de imponderables (presupuesto, superficie, distribución, miembros de la familia,...) sin los cuales no conseguiríamos llevar a buen término el proyecto que nuestra imaginación tan felizmente anticipa.

Introduzione

La cocina e il bagno sono certamente le due stanze che meglio trasmettono lo spirito di un'epoca, più del salotto o delle camere da letto, dove è facile che, per certo sentimentalismo, si tenda a perpetuare la presenza di mobili, lampade e quadri ereditati dai genitori ai figli senza che vengano sottomessi all'inappelable scrutinio della funzionalità.

Per questo motivo, nonostante con il passare degli anni si siano alternati sul mercato lo stile classico e quello moderno nelle proposte dei fabbricanti per i modelli del nostro ideale di appartamento, la cosa certa è che, se osserviamo i componenti di queste camere, noteremo che sono in perfetta armonia con i tempi, non solo sotto l'aspetto estetico (ci troviamo nel secolo in cui vale la regola del "tutto è concesso"), ma anche sociale. Tenendo in considerazione che sia la cucina che il bagno, sono spazi essenzialmente pratici, associati all'alimentazione e all'igiene quotidiana, non necesariamente dobbiamo prescindere dai progressi tecnologici anche se ci piacerebbe sognare con un mondo in cui i ritmi della quotidianità siano meno esigenti. Oppure potrebbe anche avvenire che il nostro immaginario si elevasse a una dimensione ideale di futuro in cui i compiti di routine più penosi vengono aboliti e non saranno più obblighi. Tuttavia, non per questo rinunceremo agli elettrodomestici che hanno fatto tanto per il nostro benessere né all'acqua calda che ci consente di mantenere un'igiene corporale e l'ambiente che oggi giorno è anche sinonimo di salute.

Al giorno d'oggi queste innovazioni sono beni accessibili a tutti, di conseguenza l'innovazione tecnologica non consiste più solo nel creare nuovi strumenti che sostituiscano i lavori manuali, ma ha il compito di migliorare le proprie prestazioni coniugando utilità e bellezza dove, da una parte il design assume il ruolo che prima adempiva un artigianato che si rimetteva alla tradizione e dall'altra la tecnologia si incarica di fornire soluzioni, invisibili a prima vista, per appoggiare quei desideri che danno vita al nostro modo di vivere ideale.

Dal punto di vista più pratico, la citata congiunzione di bellezza e tecnologia è evidente nella strutturazione dello spazio. La cucina, in particolare, è un vero e proprio campo di prova per tutti i progressi del settore. Infatti, sia nel caso in cui si tratti di una cucina moderna, rustica, di design o tecnologica, la distribuzione degli spazi interni sarà un vero e proprio esame per la nostra capacità di organizzazione. Se in materia di elettrodomestici assistiamo all'introduzione massiva dell'elettronica, che rinnega gli adorni superflui lasciando che le prestazioni accaparrino il qualificativo di lusso, l'interno di armadi e cassetti rinnega il vuoto per acquisire una missione armonizzatrice da cui emana una gerarchia propria per ogni casa, dove gli oggetti occupono il luogo che corrisponde loro a seconda della frequenza con cui vengono utilizzati. Ci sorprenderemo ad ammirare la visione di questi cassetti con moduli incastrati per contenervi contenitori con spezie e legumi, con orifici per i coltelli o con prese di corrente per i piccoli elettrodomestici. Per non parlare della qualità e la varietà dei materiali e rifiniture, studiati e calibrati nei minimi dettagli per sopportare pesi e misure senza rovinare il progetto d'insieme. Gli angoli non sono più l'equivalente del "buco nero" cosmico per

adempiere con il proprio dovere di garanti dell'ordine mediante l'inserimento di mensole estraibili o girevoli in moduli pensati come pezzi indipendenti. Molteplici soluzioni nei sistemi di chiusura o illuminazione interna degli armadi e vetrine culminano una lunga collezione di successi che soddisfano sia gli amanti dell'urban style che quelli del post-moderno e colorista, contrari a seguire le regole stabilite.

Le due ultime decadi del XX secolo ci lasciano in eredità il culto del corpo e la preoccupazione per la salute come responsabilità individuale. Se la cocina viene organizzata con la asepsi di un laboratorio dove si elaborano i menu più salutari, la stanza da bagno abbandona lo status di stanza "tabù" e diventa un santuario del benessere. Sebbene i mobili o i sanitari si avvicinino a uno stile o a un'altro, rendendo omaggio ai tempi che meglio si sposano con gli ideali dei proprietari, sarà comunque impossibile sottrarsi alla seduzione dei nuovi disegni, soprattutto quando questi offrono tutto un repertorio di proposte le cui virtù salutari si elevano a livelli che sfiorano il sublime.

Se l'umile piatto doccia acquista qualità eccellenti con l'utilizzo di materiali che consentono di creare superfici ultrapiatte, oltre a liberarsi del bianco come colore dominante, le vasche (a muro, appoggiate o separate) acquistano diverse forme e colori e, con le minipiscine, di ingegni occulti che convertono il bagno più che in un piacere sporadico, in una vera e propria esperienza spirituale che possiamo ripetere tutte le volte che desideriamo. Spalliere, maniglie e fondi antiscivolamento garantiscono la nostra sicurezza fisica, mentre ci facciamo massaggiare da acque moderatamente turbolente e mentre ascoltiamo la musica che proviene dalle casse disponibili in alcuni modelli, trasformano il bagno in una sessione di musicoterapia. Le cabine di idromassaggio e la sauna costituiscono l'alternativa per coloro i quali desiderano curarsi ma hanno a disposizione meno psazio.

Anche gli accessori e l'illuminazione fanno parte degli elementi da prendere in considerazione nel momento in cui si vuole creare un ambiente adeguato alla loro funzione. I primi di solito sono una derivazione dello stile generale anche se spesso riescono ad essere molto particolari grazie al rigore concettuale con cui sono stati ideati. In molti casi, un semplice appendipanni, una rubinetteria o una mensola combinano tra loro con grazia a prescindere dalla loro funzionalità concreta e acquistano la prestanza di una piccola scultura. Una disposizione corretta della luce, distribuita in luci puntuali e generali, creerà l'ambiente più consono allo stile scelto per ogni pezzo. In questo senso le proposte vanno dal convenzionalismo di un modello in serie alla stravaganza di una lampada "d'autore", sempre in cerca di un qualcosa di speciale tra tutto ciò che di meglio offre il mercato.

Naturalmente, la visualizzazione dello stile e i componenti che meglio traducono la nostra identità non possono evitare di doversi aggiustare ad una serie di elementi imponderabili (preventivo, superficie, distribuzione, membri della famiglia,...) senza i quali non riusciremmo a portare a buon fine il progetto che la nostra immaginazione ci aveva anticipato.

Introduçao

A cozinha e a casa de banho são as duas divisões de uma casa que melhor transmitem o espírito de uma época, mais do que o salão e a sala de jantar, onde é fácil que, por sentimentalismo, se perpetue a presença de móveis, candeeiros ou quadros, passados de pais para filhos sem serem submetidos ao inapelável escrutínio da funcionalidade.

Por esta razão, por muito que ao longo dos anos se alternem no mercado o clássico e o moderno para fabricar cenificações do nosso ideal de lar, o certo é que uma observação desapaixonada dos componentes destas divisões essenciais revelar-nos-á o seu grau de harmonia com os tempos, não já na sua vertente estética, (encontramo-nos no século do "vale tudo"), mas sim social. Tendo em conta que tanto a cozinha como a casa de banho são espaços iminentemente prácticos, associados respectivamente à reproduçao da vida quotidiana e à higiene diárias, não cabe prescindir de nenhum avanço tecnológico, por muito que nos agrade sonhar com tempos em que jà se desenvolvia a um ritmo menos exigente que o nosso. O nosso imaginário também se podia elevar até uma dimensão ideal de futuro onde as tarefas mais duras, por rotineiras, seriam abolidas e deixariam de formar parte das nossas obrigações. No entanto, nem por isso diríamos adeus aos electrodomésticos que tanto fizeram pelo nosso bem estar, nem à água quente que nos permite manter a higiene do corpo e do meio, que hoje em dia também é sinónimo de saúde.

Agora que todos estes logros são bens acessíveis para a maioria, a inovação já não consiste em criar novos artefactos que substituam as tarefas realizadas manualmente, mas sim em refinar as suas prestações conjugando utilidade e beleza numa fusão onde o design assume o papel que antes era desempenhado por uma artesania subordinada à tradição, ao passo que a tecnologia se encarrega de apresentar soluções, invisíveis ou anódinas à primeira vista, para apoiar essas visões que configuram o nosso ideal de vida.

Na sua vertente práctica, a citada conjunção de beleza e técnica vislumbra-se na estructuração do espaço. A cozinha, principalmente, erige-se num campo de provas de todas as inovações no sector. Não importa se é moderna, rústica, de design ou tecnológica, a distribuição dos espaços internos será um exame público da nossa capacidade de organização. Se em matéria de electrodomésticos assistimos à introducção massiva da electrónica, que evita os adornos supérfluos, deixando que as prestações se apropriem do qualificativo de luxo, o interior de armários e gavetas renega o vazio e a generalização depreciativa do termo "pau para toda a obra" para revestir-se duma missão harmonizadora da qual emana uma hierarquia própria para cada lar, onde os objectos ocuparão o lugar que lhes corresponda segundo a sua frequência de uso. Os olhos arregalam-senos de admiração e desejo perante a visão dessas gavetas com módulos encaixados para albergar frascos de especiarias e legumes, com os seus orifícios para as facas, ou inclusive com tomadas para os pequenos electrodomésticos. Já para não falar da qualidade e da variedade dos materiais e acabamentos, estudados e calibrados até ao mais mínimo detalhe para suportar pesos e tamanhos sem arruinar o projecto de conjunto. Os cantos deixaram de ser o equivalente

do "buraco negro" cósmico para cumprir a sua função de garantias da ordem, mediante a inclusão de prateleiras extraíveis ou giratórias em módulos pensados como peças independentes. Múltiplas soluções nos sistemas de fecho ou iluminação interna de armários e vitrines culminam uma longa colecção de acertos que satisfazem por igual os amantes do estilo urbano clássico ou do pós-moderno e colorista, renitente em seguir as regras estabelecidas.

As duas últimas décadas do século XX deixaram-nos como herança o culto ao corpo e a preocupação pela saúde como uma responsabilidade individual. Se a cozinha se organiza com a assepsia de um laboratório onde se elaboram os menus mais saudáveis, a casa de banho deixa de ser aquela ingrata peça a que os nossos avôs davam o nome de "privada" para se tornar num santuário de bem estar. Por mais que os móveis ou sanitários se disfarcem de um estilo ou outro, rendendo homenagem aos tempos que melhor ligam com os ideais dos seus proprietários, resultará impossível substrair-se à sedução dos novos designs, principalmente quando estes oferecem todo um repertório de propostas cujas virtudes salutares nos elevam a quotas que raiam o sublime.

Se o humilde poliban adquire qualidades de excelência com materiais que permitem criar superfícies extraplanas, além de despedir-se do branco como cor normativa, as banheiras (encastradas, anexas ou exentas) dotam-se de múltiplas formas e cores e, com as minipiscinas, de engenhos ocultos que convertem o banho em, mais que um prazer esporádico, uma experiência espiritual repetível sempre que desejada. Encostos, asas e fundos antideslizantes velam pela segurança física do usuário, massajado por águas controladamente turbulentas, enquanto a música que jorra da coluna, disponível em alguns modelos, transforma o banho numa sessão de musicoterapia. Noutra ordem de coisas, as cabinas de hidromassagem ou sauna constituem a alternativa para os que desejam cuidar-se, mas contam com menos espaço na casa de banho.

Os acessórios e a iluminação também fazem parte da preocupação por criar um ambiente adequado à sua função. Os primeiros costumam ser uma derivação do estilo geral se bem que logram singularizar-se graças ao rigor conceptual com que foram pensados. Em muitos casos, um simples cabide, uma torneira ou uma prateleira combinam acertadamente graça e utilidade transcendendo a sua funcionalidade concreta para adquirir a prestação de uma pequena escultura. Uma correcta disposição da luz, detalhada em luzes pontuais e gerais, vai criar o meio que mais concorde com o estilo elegido para cada peça. Aqui as propostas vão do convencionalismo de um modelo de série à extravagância de um candeeiro de autor, sempre à procura de sinais de identidade própria entre o melhor que nos oferece o mercado.

Naturalmente, a visualização do estilo e dos componentes que melhor traduzem a nossa identidade não pode desmarcar-se do ajuste de uma série de imponderáveis (orçamento, superfície, distribuição, membros da família, ...), sem os quais não conseguiríamos levar a bom termo o projecto que a nossa imaginação tão alegremente antecipa.

Cocinas · *Cucine* · Cozinhas

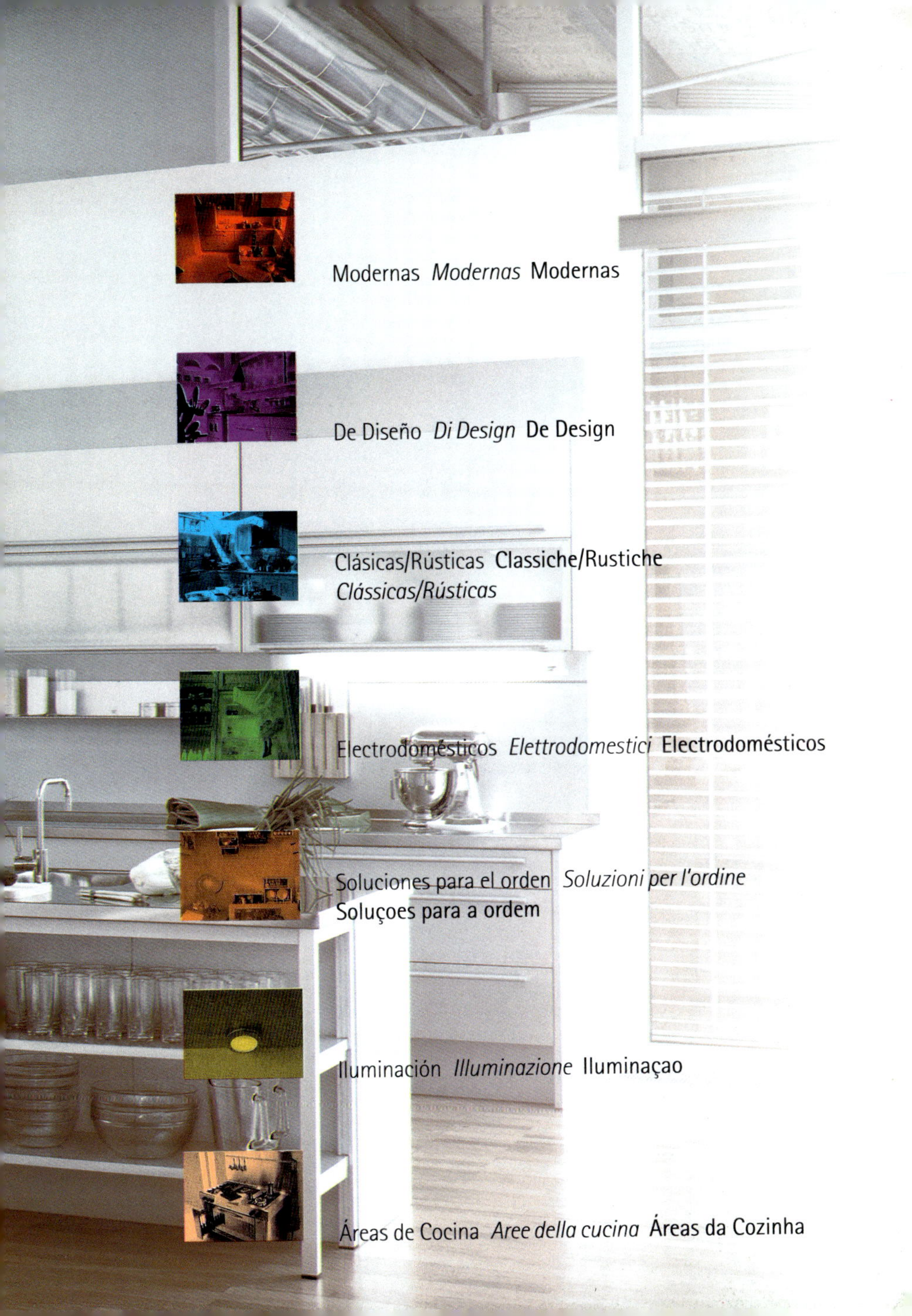

Modernas *Modernas* Modernas

De Diseño *Di Design* De Design

Clásicas/Rústicas **Classiche/Rustiche**
Clássicas/Rústicas

Electrodomésticos *Elettrodomestici* Electrodomésticos

Soluciones para el orden *Soluzioni per l'ordine*
Soluçoes para a ordem

Iluminación *Illuminazione* Iluminaçao

Áreas de Cocina *Aree della cucina* Áreas da Cozinha

SIEMENS

Modernas / *Moderne*
Modernas

El estilo moderno aprovecha y hace suyas todas las innovaciones y se permite reformular a conveniencia las aportaciones de estilos anteriores. La combinación libre de materiales, colores, alturas y líneas rompe la monotonía de la estructura modular, permitiendo una transición agradable en las cocinas abiertas a otras dependencias de la casa

Lo stile moderno fa sue tutte le innovazioni e consente di riformare a convenienza quanto apportato dagli stili precedenti. La combinazione libera dei materiali, dei colori, delle altezze e delle linee rompe la monotonia della struttura modulare, consentendo una transizione gradevole alle cucine aperte alle altre camere della casa.

O estilo moderno aproveita e faz suas todas as inovações, permitindo-se reformular, à sua conveniência, as aportações de estilos anteriores. A combinação livre de materiais, cores, alturas e linhas rompe com a monotonia da estructura modular, permitindo uma transição agradável nas cozinhas abertas a outras dependências da casa.

En página anterior
Mod. Pia de Nobilia.

Nella pagina precedente
Mod. Pia di Nobilia.

Na página anterior
Mod. Pia, de Nobilia.

Cocina en un frente de Casawell.

Cucina a un lato unico di Casawell.

Cozinha numa frente, de Casawell.

Mod. Atlanta de Nobilia.

Mod. Atlanta di Nobilia.

Mod. Atlanta, de Nobilia.

Cocina en L de Allmilmo.

Cucina a L di Allmilmo.

Cozinha em L, de Allmilmo.

Cocina en U de Allmilmo.

Cucina a U di Allmilmo.

Cozinha em U,
de Allmilmo.

Mod. Onda de Febal.

Mod. Onda di Febal.

Mod. Onda, de Febal.

Cocina en L de Leicht.

Cucina a L di Leicht.

Cozinha em L, de Leicht.

Mod. Evergreen de Febal.

Mod. Evergreen di Febal.

Mod. Evergreen, de Febal.

Cocina con isla central de Allmilmo.

Cucina con isola centrale di Allmilmo.

Cozinha com ilha central, de Allmilmo.

Cocina en L con módulos sueltos de Allmilmo.

Cucina a L con moduli separati di Allmilmo.

Cozinha em L, com módulos soltos, de Allmilmo.

Mod. Dallas de Nolte.

Mod. Dallas di Nolte.

Mod, Dallas, de Nolte.

Mod. Avant de Nolte.

Mod. Avant di Nolte.

Mod. Avant, de Nolte.

Cocina con isla de trabajo de Tielsa.

Cucina con isola di lavoro di Tielsa.

Cozinha com ilha de trabalho, de Tielsa.

Mod. Como de Nolte.

Mod. Como di Nolte.

Mod. Como, de Nolte.

Mod. Star 271 de Nolte.

Mod. Star 271 di Nolte.

Mod. Star 271, de Nolte.

Cocina con isla de trabajo de Alno.

Cucina con isola di lavoro di Alno.

Cozinha com ilha de trabalho de Alno.

Cocina en L de Alno.

Cucina a L di Alno.

Cozinha em L, de Alno.

En página anterior
Mod. Life de Nolte.

Nella pagina precedente
Mod. Life di Nolte

Na página anterior
Mod. Life de Nolte.

Pequeña cocina en L
de Alno.

Piccola Cucina a L
di Alno.

Pequenda cozinha em L,
de Alno.

Mod. Cosmo de Nobilia. *Mod. Cosmo di Nobilia.* Mod. Cosmo, de Nobilia.

Mod. Country de Nobilia.

Mod. Country di Nobilia.

Mod. Country, de Nobilia.

Detalle de una cocina Alno.

Dettaglio di una Cucina Alno.

Detalhe de uma cozinha Alno.

Mod. Ravenna de Nolte. *Mod. Ravenna di Nolte.* Mod. Ravenna, de Nolte.

Mod. Star274 de Nolte.

Mod. Star274 di Nolte.

Mod. Star 274, de Nolte.

Mod. Verona de Nolte. *Mod. Verona di Nolte.* Mod. Verona, de Nolte.

Mod. Roma de Nolte.

Mod. Roma di Nolte.

Mod. Roma, de Nolte.

Mod. Gala de Nobilia.

Mod. Gala di Nobilia.

Mod. Gala, de Nobilia.

Cocina en L de Nolte.

Cucina a L di Nolte.

Cozinha em L, de Nolte.

Mod. Cortina de Nobilia.

Mod. Cortina di Nobilia.

Mod. Cortina, de Nobilia.

Mod. Colorado de Nobilia.

Mod. Colorado di Nobilia.

Mod. Colorado, de Nobilia.

Mod. Cento de Nobilia.

Mod. Cento di Nobilia.

Mod. Cento, de Nobilia.

Mod. Rondo de Nobilia.

Mod. Rondo di Nobilia.

Mod. Rondo, de nobilia.

Mod. Fontana de Nobilia.

Mod. Fontana di Nobilia.

Mod. Fontana, de Nobilia.

Un modelo clásico
de Allmilmo.

*Un modello classico
di Allmilmo.*

Um modelo clássico
de Allmilmo.

Cocina -salón de Alno.

Cucina -salone di Alno.

Cozinha, salão de Alno.

Mod. Lemon de Febal.

Mod. Lemon di Febal.

Mod. Lemon, de Febal.

Mod. Morena de Nobilia.

Mod. Morena di Nobilia.

Mod. Morena, de Nobilia.

Mod. Mixer de Febal.

Mod. Mixer di Febal.

Mod. Mixer, de Febal.

En la página siguiente
Mod. Natura de Nobilia.

*Nella pagina succesiva
Mod. Natura di Nobilia.*

Na página siguiente
Mod. Natura, de Nobilia.

En la página siguiente
Mod. Orion de Nobilia.

Nella pagina successiva
Mod. Orion di Nobilia.

Na página siguiente
Mod. Orion, de Nobilia.

Mod. Ravenna de Nolte. *Mod. Ravenna de Nolte.* Mod. Ravenna de Nolte.

Mod. Natura de Nobilia.

Mod. Natura di Nobilia.

Mod. Natura, de Nobilia.

Cocina en L de Allmilmo.

Cucina a L di Allmilmo.

Cozinha em L, de Allmilmo.

Cocina en un frente
de Allmilmo.

Cucina a un lato unico di Allmilmo.

Cozinha numa frente, de
Allmilmo.

Módulos independientes de Allmilmo.

Moduli indipendenti di Allmilmo.

Módulos independentes, de Allmilmo.

Mod. L.A. de Allmilmo

Mod. L.A. di Allmilmo.

Mod. L.A., de Allmilmo.

Detalle de cocina Allmilmo.

Dettaglio di Cucina Allmilmo.

Detalhe de cozinha Allmilmo.

Cocina en dos colores de Allmilmo.

Cucina bicolore di Allmilmo.

Cozinha em duas cores, de Allmilmo.

En página anterior
Mod. Lago de Nolte.

Nella pagina precedente
Mod. Lago di Nolte.

Na página anterior
Mod. Lago, de Nolte.

Mod. Tivoli de Nobilia.

Mod. Tivoli di Nobilia.

Mod. Tivoli, de Nobilia.

Cocina de L en Alno.

Cucina a L di Alno.

Cozinha em L, de Alno.

Detalle de cocina Alno.

Dettaglio di Cucina Alno.

Detalhe de Cozinha Alno.

Mod. Life de Nolte.

Mod. Life di Nolte.

Mod. Life, de Nolte.

Cocina en módulos bajos de Alno.

Cucina a moduli bassi di Alno.

Cozinha em módulos baixos, de Nolte.

Cocina en L de Alno.

Cucina a L di Alno.

Cozinha em L, de Alno.

Cocina en un frente con isla de trabajo de Alno.

Cucina a un lato unico con isola di lavoro di Alno.

Cozinha numa frente, com ilha de trabalho, de Alno.

Mod. Star 274 de Nolte.

Mod. Star 274 di Nolte.

Mod. Star274, de Nolte.

Mod. Lago de Nobilia.

Mod. Lago di Nobilia.

Mod. Lago, de Nobilia.

Mod. Sally de Febal.

Mod. Sally di Febal.

Mod. Sally, de febal.

Mod. Lido de Nolte.

Mod. Lido di Nolte.

Mod. Lido, de Nolte.

Mod. Milano de Nolte.

Mod. Milano di Nolte.

Mod. Milano, de Nolte.

Mod. Ponte de Allmilmo.

Mod. Ponte di Allmilmo.

Mod. Ponte, de Allmilmo.

Mod. Orange de Febal.

Mod. Orange di Febal

Mod. Orange, de Febal.

En la página siguiente
Cocina con isla de
lavado de Alno.

*Nella pagina successiva
Cucina con isola di
lavaggio di Alno.*

Na página siguiente
Cozinha com ilha de
lavagem, de Alno.

Cocina abierta de Casawell.

Cucina aperta di Casawell.

Cozinha aberta de Casawell.

Mod. Verona 235 de Nolte.

Mod. Verona 235 di Nolte.

Mod. Verona 235, de Nolte.

Cocina en dos frentes de Alno.

Cucina a L di Alno.

Cozinha em duas frentes, de Alno.

Detalle de una cocina Casawell.

Dettaglio di una Cucina Casawell.

Detalhe de uma cozinha Casawell.

Mod. Playa 01 de Febal.

Mod. Playa 01 di Febal.

Mod. Playa 01, de Febal.

En la página siguiente
Mod. Playa 15 de Febal.

*Nella pagina successiva
Mod. Playa 15 di Febal.*

Na página siguiente
Mod. Playa 15, de Febal.

Mod. Playa 08 de Febal.

Mod. Playa 08 di Febal.

Mod Playa 08, de Febal.

Cocina en L de Leicht.

Cucina a L di Leicht.

Cozinha em L, de Leicht.

Cocina en tres frentes de Alno.

Cucina a U di Alno.

Cozinha em três frentes, de Alno.

Cocina en dos frentes de Alno.

Cucina a L di Alno.

Cozinha em duas frentes, de Alno.

Cocina sobre patas de Alno.

Cucina rialzata su gambe di Alno.

Cozinha sobre pés, de Alno.

Un modelo clásico de Alno.

Un modello classico di Alno.

Um modelo clássico de Alno.

Detalle del frente de cocción de la anterior.

Dettaglio del lato di cottura della precedente.

Detalhe da frente de cocção da anterior.

Cocina con isla central de Alno.

Cucina con isola centrale di Alno.

Cozinha com ilha central, de Alno.

Mod. Venus de Florida.

Mod. Venus di Florida.

Mod. Venus, de Florida.

Mod. Star 278 de Nobilia.

Mod. Star 278 di Nobilia.

Mod. Star 278, de Nobilia.

Cocina con varias alturas de Alno.

Cucina di varie altezze di Alno.

Cozinha com várias alturas, de Alno.

Mod. Lido 435 de Nolte. *Mod. Lido 435 di Nolte.* Mod. Lido 435, de Nolte.

Cocina en tres frentes de Leicht. *Cucina a U di Leicht.* Cozinha em três frentes de Leicht.

Cocina en L de Alno.

Cucina a L di Alno.

Cozinha em L, de Alno.

Cocina en L con mesa plegable de Alno.

Cucina a L con tavolo pieghevole di Alno.

Cozinha em L, com mesa dobrável, de Alno.

Cocina en L con tabla de comer de Alno.

Cucina a L con tavolo per sala da pranzo di Alno.

Cozinha em L, com mesa para comer, de Alno.

Cocina en U de Leicht.

Cucina a U di Leicht.

Cozinha em U, de Leicht.

Módulo de limpieza
de Martinica.

*Modulo di pulizia
di Martinica.*

Módulo de limpeza,
de Martinica.

Cocina en un frente
de Martinica.

*Cucina a un lato unico
di Martinica.*

Cozinha numa frente,
de Martinica.

Mesa de comedor de
Martinica.

*Tavolo per sala da pranzo
di Martinica.*

Mesa de sala de jantar,
de Martinica.

Cocina en L con mesa
de Martinica.

*Cucina a L con tavolo
di Martinica.*

Cozinha em L, com
mesa, de Martinica.

Detalle de campana
extractora de Martinica.

*Dettaglio della cappa
di Martinica.*

Detalhe de exaustor,
de Martinica.

Mod. Trendy de Florida.

Mod. Trendy di Florida.

Mod. Trendy, de Florida.

En la página siguiente
Mesa extraíble del
mod. Trendy de Florida.

*Nella pagina successiva
Tavolo estraibile del
mod. Trendy di Florida.*

Na página siguiente
Mesa extraível, do
mod. Trendy, de Florida.

Mod. Mixer 2000
de Florida.

*Mod. Mixer 2000
di Florida.*

Mod. Mixer 2000,
de Florida.

Cocina comedor de Siematic.

Cucina abitabile di Siematic.

Cozinha-sala de jantar, de Siematic.

Cocina con isla central de Siematic.

Cucina con isola centrale di Siematic.

Cozinha com ilha central de Siematic.

Mod. Kif de Mobalpa.

Mod. Kif di Mobalpa.

Mod. Kif, de Mobalpa.

Cocina en dos frentes de Leicht.

Cucina a L di Leicht.

Cozinha em duas frentes, de Leicht.

Cocina en L
Leicht.

*Cucina a L
di Leicht.*

Cozinha em L,
de Leicht.

Cocina con isla de cocción anexa de Leicht.

Cucina con isola di cottura annessa di Leicht.

Cozinha com ilha de cocção anexa, de Leicht.

Cocina con isla de
cocción de Mobalpa.

*Cucina con isola di
cottura di Mobalpa.*

Cozinha com ilha de
cocção, de Mobalpa.

Cocina en 3 frentes
de Leicht.

*Cucina a U
di Leicht.*

Cozinha em três frentes
de Leicht.

Cocina en varios frentes
de Siematic.

*Cucina a vari lati di
Siematic.*

Cozinha em várias
frentes, de Siematic.

Cocina en dos frentes
de Siematic.

Cucina a L di Siematic.

Cozinha em duas
frentes, de Siematic.

Mod. Alpina de Nobilia.

Mod. Alpina di Nobilia.

Mod. Alpina, de Nobilia.

En página anterior
Cocina en un frente con isla de cocción central de Siematic.

Nella pagina precedente
Cucina a un lato unico con isola di cottura centrale di Siematic.

Na página anterior
Cozinha numa frente, com ilha de cocção central, de Siematic.

Mod. Síntesi de Florida.

Mod. Síntesi di Florida.

Mod. Sintesi, de Florida.

Frente de cocción de Siematic.

Lato cottura di Siematic.

Frente de cocção, de Siematic.

Cocina en dos frentes con mesa comedor de Mobalpa.

Cucina a due L con tavolo per sala da pranzo di Mobalpa.

Cozinha em duas frentes, com mesa de sala de jantar, de Mobalpa.

Módulos para apartamento de Nolte.

Moduli per appartamento di Nolte.

Módulos para estúdio, de Nolte.

Mod. Avant 470 de Nolte.

Mod. Avant 470 di Nolte.

Mod. Avant 470, de Nolte.

Mod. Brat de Mobalpa Sarila.

Mod. Brat di Mobalpa Sarila.

Mod. Brat, de Mobalpa Sarila.

Cocina con anexo comedor de Nolte.

Cucina con arredamento annesso di Nolte.

Cozinha com anexo sala de jantar, de Nolte.

Mod. Fina 100 de Nobilia.

Mod. Fina 100 di Nobilia.

Mod. Fiona 100, de Nobilia.

Mod. Fiona 355 de Nobilia.

Mod. Fiona 355 di Nobilia.

Mod. Fiona 355, de Nobilia.

Cocina en 3 frentes de Leicht.

Cucina a U di Leicht.

Cozinha em três frentes, de Leicht.

Mod. Natura 362
de Nobilia.

*Mod. Natura 362
di Nobilia.*

Mod. Natura 362,
de Nobilia.

Mod. Avant 474 de Nolte. *Mod. Avant 474 di Nolte.* Mod. Avant 474, de Nolte.

Cocina en L de Mobalpa. *Cucina a L di Mobalpa.* Cozinha em L, de Mobalpa.

Cocina con isla de cocción de Mobalpa.

Cucina con isola di cottura di Mobalpa.

Cozinha com ilha de cocção, de Mobalpa.

Mod. Flair de Nolte. *Mod. Flair di Nolte.* Mod. Flair, de Nolte.

Mod. Linea de Nolte.

Mod. Linea di Nolte.

Mod. Linea, de Nolte.

Mod. Star 27 de Nolte.

Mod. Star 27 di Nolte.

Mod. Star 27, de Nolte.

Mod. Relief de Nolte.

Mod. Relief di Nolte.

Mod. Relief, de Nolte.

Frente de cocción de Mobalpa.

Lato cottura di Mobalpa.

Frente de cocçao de Mobalpa.

Mod. Ora 40601
de Mobalpa.

*Mod. Ora 40601
di Mobalpa.*

Mod. Ora 40601
de Mobalpa.

En la página siguiente
Mod. Ora 40604
de Mobalpa.

*Nella pagina successiva
Mod. Ora 40604
di Mobalpa.*

Na página siguiente
Mod. Ora 40604,
de Mobalpa.

Mod. PVL de Mobalpa.

Mod. PVL di Mobalpa.

Mod. PVL, de Mobalpa.

Mod. Pia de Nobilia.

Mod. Pia di Nobilia.

Mod. Pia, de Nobilia.

Módulo con estantes
de Casawell.

*Modulo con ripiani
di Casawell.*

Módulo com estantes
de Casawell.

Mod. Onda de Febal.

Mod. Onda di Febal.

Mod. Onda, de Febal.

islas

La isla de trabajo aglutina una parte de las labores culinarias actuando como distribuidor hacia los diversos frentes. La moderna tecnología permite instalar en ellas la placa de cocción e incluso un fregadero, mientras que el espacio libre de la base se reparte entre cajones, armarios y huecos para estantes. Una derivación es la península, que también se ha liberado de tópicos y ahora se apresta a acoger cualquiera de las funciones imprescindibles, incluida la de barra de comedor.

isole

L'isola di lavoro concentra su di sè una parte dei lavori legati al mondo culinario ed agisce da distributore sui diversi fronti. La tecnología moderna consente di installare in esse il piano di cottura e, in qualche caso, anche il lavello, mentre invece lo spazio libero alla base dell'isola viene suddiviso in cassettoni, armadi e rientranze per mensole. Una derivazione è la penisola, che si è liberata dal concetto classico e adesso si appresta ad accogliere tutte le funzioni imprescindibili, compresa quella di bancone.

islas

A ilha de trabalho aglutina uma parte dos lavores culinários actuando como distribuidora para as diferentes frentes. A tecnologia moderna permite instalar-lhe a placa de cocção e inclusive um lava-loiças, ao passo que o espaço livre da base é repartido entre gavetas, armários e prateleiras. Uma derivação deste conceito é a península, que também se libertou de tópicos e se presta agora a acolher qualquer das funções imprescindíveis, incluída a de balcão de sala de jantar.

En página anterior
Isla de trabajo de Siematic.

Nella pagina precedente
Isola di lavoro di Siematic.

Na página anterior
Ilha de trabalho de Siematic.

Mod. Flipper1 de Febal.

Mod. Flipper1 di Febal.

Mod. Flipper, de Febal.

Mod. Delta 764 de Nolte.

Mod. Delta 764 di Nolte.

Mod. Delta 764, de Nolte.

Mod. Ponte 02 de Allmilmo.

Mod. Ponte 02 di Allmilmo.

Mod. Ponte 02, de Allmilmo.

Cocina con isla de trabajo de Tielsa.

Cucina con isola di lavoro di Tielsa.

Cozinha com ilha de trabalho, de Tielsa.

Cocina en dos frentes con isla de trabajo comedor de Tielsa.

Cucina a L con isola di lavoro sala da pranzo di Tielsa.

Cozinha em duas frentes, com ilha de trabalho-sala de jantar, de Tielsa.

Cocina con isla de trabajo central de Tielsa.

Cucina con isola di lavoro centrale di Tielsa.

Cozinha com ilha de trabalho central de Tielsa.

Cocina módulos vitrina de Tielsa.

Cucina moduli vetrina di Tielsa.

Cozinha módulos vitrina, de Tielsa.

Cocina con isla de cocción de Alno.

Cucina con isola di cottura di Alno.

Cozinha com ilha de cocção, de Alno.

Cocina en un frente con isla de cocción de Alno.

Cucina a un lato unico con isola di cottura di Alno.

Cozinha numa frente, com ilha de cocção, de Alno.

Mod. Onda 05 de Febal. *Mod. Onda 05 di Febal.* Mod. Onda 05, de Febal.

Cocina en dos frentes de Alno. *Cucina a L di Alno.* Cozinha em duas frentes, de Alno.

Cocina estilo profesional
de Siematic.

*Cucina stile professionale
di Siematic.*

Cozinha estilo profissional,
de Siematic.

Isla de trabajo y módulos
empotrados de Febal.

*Isola di lavoro e modelli a
muro di Febal.*

Ilha de trabalho e
módulos encastrados,
de Febal.

Mod. Ponte 01 de Allmilmo.

Mod. Ponte 01 di Allmilmo.

Mod. Ponte 01, de Allmilmo.

Mod. Lido 438 de Nolte.

Mod. Lido 438 di Nolte.

Mod. Lido 438, de Nolte.

Detalle de isla central con sobre irregular de Alno.

Dettaglio di isola centrale con piano irregolare di Alno.

Detalhe da ilha central, com superfície irregular, de Alno.

Cocina con isla de cocción comedor de Alno.

Cucina con isola di cottura sala da pranzo di Alno.

Cozinha com ilha de cocção-sala de jantar, de Alno.

Mod. Ponte 03 de Allmilmo.

Mod. Ponte 03 di Allmilmo.

Mod. Ponte 03, de Allmilmo.

Cocina en dos frentes
con isla central de Miele.

*Cucina a L con isola
centrale di Miele.*

Cozinha em duas
frentes, com ilha central,
de Miele.

Mod. Blue de Miele.

Mod. Blue di Miele.

Mod. Blue, de Miele.

En la página siguiente
Cocina profesional
de Poggen.

*Nella pagina successiva
Cucina professionale di
Poggen.*

Na página siguiente
Cozinha profissional,
de Poggen.

De Diseño / *Di Design*
De Design

La cocina de diseño apuesta por el impacto visual y la funcionalidad mientras relega las formas a su valor estructural: repartirse las tareas básicas del trabajo culinario. El juego entre la exhibición y el disimulo, junto con la aportación de los nuevos materiales para superficies y electrodomésticos, lo hacen recomendable para las viviendas donde el espacio, por exceso o defecto, obliga a la hibridación de funciones. El acero, las superficies sintéticas y los colores inusuales constituyen la marca distintiva de un estilo que fluctúa entre la solemnidad y la ironía.

Le cucine di design puntano sull'impatto visivo e la funzionalità mentre relegano le forme al loro valore strutturale: suddivisione dei compiti basilari del lavoro in cucina. Il gioco tra l'esibizione e la discrezione, insieme all'apporto dei nuovi materiali per superfici ed elettrodomestici, le rendono raccomandabili per le case in cui lo spazio, per eccesso o per difetto, obbliga all'ibridazione di funzioni. L'acciaio, le superfici sintetiche e i colori poco comuni costituiscono la caratteristica che contraddistingue uno stile che fluttua tra la solennità e l'ironia.

A cozinha de design aposta no impacto visual e na funcionalidade, ao passo que relega as formas para o seu valor estructural: repartir as tarefas básicas do trabalho culinário. O jogo entre a exibição e o dissimulo, junto com a aportação dos novos materiais para superfícies e electrodomésticos, fazem-na recomendável para as habitações onde o espaço, por excesso ou defeito, obriga à hibridação de funções. O aço, as superfícies sintéticas e as cores inusuais constituem a marca distintiva de um estilo que flutua entre a solenidade e a ironia.

En página anterior
Cocina con frente de
aluminio de Schiffini.

*Nella pagina precedente
Cucina di alluminio
di Schiffini.*

Na página anterior
Cozinha com frente de
alumínio, de Schiffini.

Cocina en tres frentes
de Schiffini.

Cucina a U di Schiffini.

Cozinha em três frentes,
de Schiffini.

Cocina en L con isla de cocción de Strato.

Cucina a L con isola di cottura di Strato.

Cozinha em L, com ilha de cocção, de Strato.

Módulo de cocción y lavado de Schiffini.

Modulo di cottura e lavaggio di Schiffini.

Módulo de cocção e lavagem, de Schiffini.

En página anterior
Frente de lavado con encimera sintética.

Nella pagina precedente
Lato lavaggio con piano sintetico.

Na página anterior
Frente de lavagem com banca sintética.

Cocina americana mod. Ad. Mode-Namay de Nolte.

Cucina americana mod. Ad. Mode-Namay di Nolte.

Cozinha americana modelo Ad. Mode-Namay, de Nolte.

Cocina americana.

Cucina americana.

Cozinha americana.

PRIMAG

Mod. De Allmilmo

Mod. di Allmilmo.

Modelo de Allmilmo.

Cocina en L con isla
central de Allmilmo.

*Cucina a L con isola
centrale di Allmilmo.*

Cozinha em L, com ilha
central, de Allmilmo.

Mod. De Allmilmo.

Mod. di Allmilmo.

Modelo de Allmilmo.

Mod. Libera de Mobalpa Sarila.

Mod. Libera di Mobalpa Sarila.

Modelo Libera, de Mobalpa Sarila.

Cocina con isla de lavado de Alsa.

Cucina con isola di lavaggio di Alsa.

Cozinha com ilha de lavagem, de Alsa

Cocina en 3 frentes con
isla de cocción de Alsa.

Cucina a U con isola di cottura di Alsa.

Cozinha em três frentes, com ilha de cocção de Alsa.

Cocina en L con isla de cocción de Poggen.

Cucina a L con isola di cottura di Poggen.

Cozinha em L, com ilha de cocção, de Poggen.

Cocina en 2 frentes de Alno.

Cucina a L di Alno.

Cozinha em duas frentes, de Alno

En página anterior Cocina para loft de Miele.

Nella pagina precedente Cucina per loft di Miele

Na página anterior Cozinha para loft, de Miele.

Cocina en un frente de Siemens.

Cucina a un lato unico di Siemens.

Cozinha numa frente, de Siemens.

Cocina en L de Alno.

Cucina a L di Alno.

Cozinha em L, de Alno.

Cocina en L con isla anexa de Giamaica.

Cucina a L con isola annessa di Giamaica.

Cozinha em L, com ilha anexa, de Giamaica.

Cocina empotrada con isla comedor de Alno.

Cucina a muro con isola pranzo di Alno.

Cozinha encastrada, com ilha sala de jantar, de Alno.

Cocina con isla de cocción adosada de Leicht

Cucina con isola di cottura laterale di Leicht.

Cozinha com ilha de cocção anexa, de Leicht.

Cocina en L con comedor de Leicht.

Cucina a L con sala da pranzo di Leicht.

Cozinha em L, com sala de jantar, de Leicht.

Cocina en L con módulo vitrina de Mobalpa.

Cucina a L con modulo vetrina di Mobalpa.

Cozinha em L, com módulo vitrina, de Mobalpa.

Cocina en 2 frentes con isla de cocción adosada de Elledue-House.

Cucina a L con isola di cottura laterale di Elledue-House.

Cozinha em duas frentes, com ilha de cocção anexa, de Elledue-House.

Cocina en 2 frentes de Siematic

Cucina a L di Siematic.

Cozinha em duas frentes de Siematic.

Mod. Familia 38 de
Mobalpa-Sarila.

*Mod. Familia 38 di
Mobalpa-Sarila.*

Mod. Familia 38, de
Mobalpa-Sarila.

Mod. Joker 01 de Febal.

Mod. Joker 01 di Febal.

Mod. Joker 01, de Febal.

Mod. Familia 1 de
Mobalpa-Sarila.

*Mod. Familia 1 di
Mobalpa-Sarila.*

Mod. Familia 1, de
Mobalpa-Sarila.

Mod. Joker 05 de Febal.

Mod. Joker 05 di Febal.

Mod. Joker 05, de Febal.

Mod. Milano de Allmilmo.

Mod. Milano di Allmilmo.

Mod. Milano, de Allmilmo.

Mod. Lago 319 de Nolte.

Mod. Lago 319 di Nolte.

Mod. Lago 319, de Nolte.

Cocina en 2 frentes
de Poggen.

Cucina a L di Poggen.

Cozinha em duas
frentes, de Poggen.

Cocina con isla de
trabajo de Poggen.

*Cucina con isola
di lavoro di Poggen.*

Cozinha com ilha
de trabalho, de Poggen.

Cocina estilo profesional
de Mobalpa-Sarila.

*Cucina stile professionale
di Mobalpa-Sarila.*

Cozinha estilo profissional,
de Mobalpa-Sarila.

Mod. Sally de Febal.

Mod. Sally di Febal.

Mod. Sally, de Febal.

Mod. Techno de Nobilia.

Mod. Techno di Nobilia.

Mod. Techno, de Nobilia.

Mod. Noumero de
Mobalpa-Sarila.

*Mod. Noumero di
Mobalpa-Sarila.*

Mod. Noumero, de
Mobalpa-Sarila.

Cocina para apartamento de Mobalpa.

Cucina per appartamento di Mobalpa.

Cozinha para estudio, de Mobalpa.

Cocina estilo profesional de Poggen.

Cucina stile professionale di Poggen.

Cozinha estilo profissional, de Poggen.

En página anterior
Mod. Fue de Poggen.

Nella pagina precedente
Mod. Fue di Poggen.

Na página anterior
Mod. Fue, de Poggen.

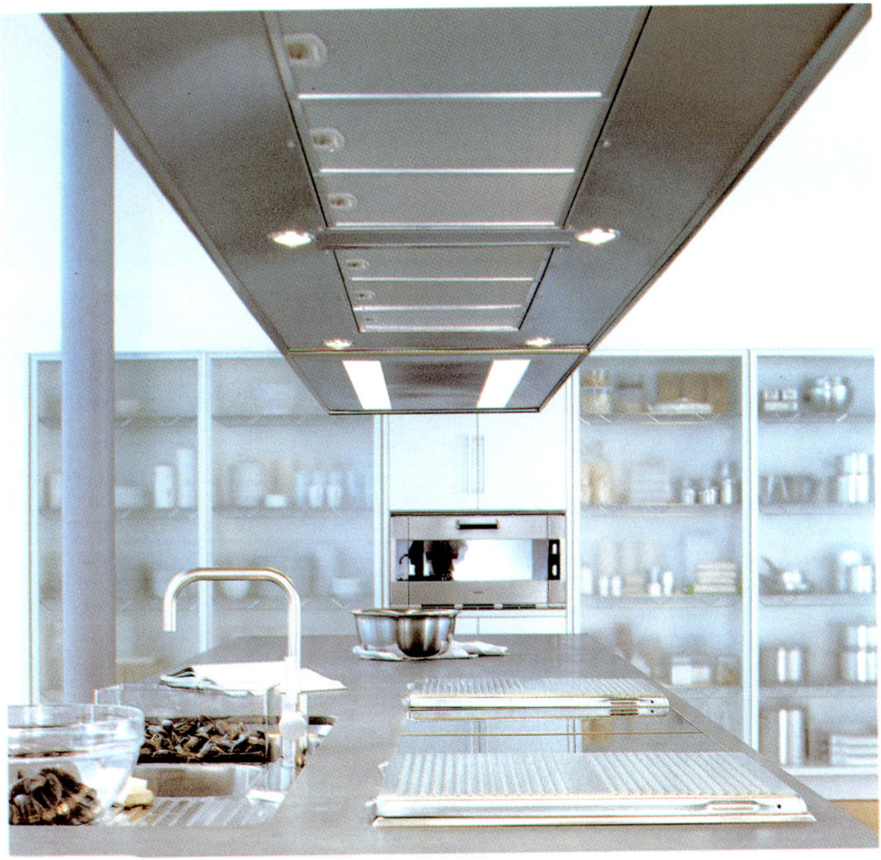

Detalle de frente de cocción
de Poggen

Dettaglio del piano di cottura
di Poggen.

Detalhe de frente de cocção,
de Poggen.

En página siguiente
Cocina bicolore con isla
de trabajo de Poggen.

En página siguiente
Cucina bicolore con isola
di lavoro di Poggen.

En página siguiente
Cozinha bicolor com ilha
de trabalho, de Poggen.

Clásicas/Rústicas *Classiche/Rustiche* Classicas/Rústicas

El estilo favorito de los más hogareños mantiene su querencia por los acabados en madera y los materiales naturales, así como por los colores solemnes o regios, sin renegar de las innovaciones, siempre sujetas a la funcionalidad y mientras no roben protagonismo a los detalles decorativos: pilastras, remates en cornisa, puertas de celosía, panelados en relieve y campanas extractoras de obra. Las mesas de comer y las islas de trabajo también apuestan por la convivencia tanto si remiten al modelo de la mansión rural como a la humilde casa de labor, hoy tan apreciada.

Lo stile preferito di coloro i quali amano molto stare in casa mantiene una chiara preferenza per le rifiniture in legno e per i materiali naturali, come anche per i colori solenni e importanti, senza però rinnegare le innovazioni, quando soggette alla funzionalità e quando non sottraggano protagonismo ai dettagli decorativi: pilastri, rifiniture nelle cornici, gelosie, pannellati in rilievo e cappe a muro. I tavoli da cucina e le isole di lavoro puntano sulla convivenza sia se si rifanno al modello della mansione rurale sia alla umile casa di lavoro, oggi molto apprezzata.

O estilo favorito dos mais caseiros mantém o seu gosto pelos acabamentos em madeira e em materiais naturais, assim como pelas cores solenes ou régias, sem renegar as inovações, sempre sujeitas à funcionalidade, e enquanto não roubem protagonismo aos detalhes decorativos: pilares, remates em cornijas, portas em jelosia, paineis em relevo, e exaustores de obra. As mesas para comer e as ilhas de trabalho também apostam na convivência, tanto se remetem ao modelo da mansão rural, como ao da humilde casa de trabalhador, hoje tão apreciada.

En página anterior
Cocina con isla de trabajo de Alno.

Nella pagina precedente
Cucina con isola di lavoro di Alno.

Na página anterior
Cozinha com ilha de trabalho, de Alno.

Cocina en 3 frentes con isla central de Alno.

Cucina a 3 pareti con isola centrale di Alno.

Cozinha em três frentes, com ilha central, de Alno.

Cocina en L
Stilnovo de Elledue.

Cucina a L
Stilnovo de Elledue.

Cozinha em L
Stilnovo de Elledue.

Detalle de zona de lavado
Prestige de Elledue.

Dettaglio di zona di lavaggio
Prestigedi di Elledue.

Detalhe de zona de lavagem
Prestige de Elledue.

Detalle de zona de cocción
Prestige de Elledue.

Dettaglio della zona di cottura Prestige di Elledue.

Detalhe de zona de cocção
Prestige de Elledue.

Detalle de una cocina
Prestige de Elledue.

Dettaglio di una cucina Prestige di Elledue.

Detalhe de uma cozinha
Prestige de Elledue.

Mesa de comedor con cajones
Prestige de Elledue.

Tavolo per sala da pranzo con cassettoni Prestige di Elledue.

Mesa de sala-de-jantar, com gavetas, Prestige de Elledue.

Detalle del panelado de una cocina Prestige de Elledue.

Dettaglio del pannellato di una cucina Prestige di Elledue.

Detalhe do painel de uma cozinha Prestige de Elledue.

Cocina en J Prestige de Elledue.

Cucina a J Prestige di Elledue.

Cozinha em J Prestige de Elledue.

Zona de cocción con chimenea
para extractor de obra
Prestige de Elledue.

*Zona di cottura con cappa per
estrattore a muro
Prestige di Elledue.*

Zona de cocção com chaminé
para exaustor de obra
Prestige, de Elledue.

Armarios con puertas abatibles
Prestige de Elledue.

*Armadi con porte reclinabili
Prestige di Elledue.*

Armários com portas abatíveis,
Prestige de Elledue.

Detalle de la encimera de
trabajo Prestige de Elledue.

*Dettaglio del piano di lavoro
Prestige di Elledue.*

Detalhe da bancada de
trabalho Prestige Elledue.

Cocina en U con vitrina empotrada de Alno.

Cucina a U con vetrina a muro di Alno.

Cozinha em U com vitrina encastrada, de Alno.

Pequeña cocina en L de Alno.

Piccola cucina a L di Alno.

Pequena cozinha em L, de Alno.

Cocina con acabados en madera Stilnovo de Elledue.

Cucina con rifiniture di legno Stilnovo di Elledue.

Cozinha comacabam entos em madeira Stilnovo, de Elledue.

En página anterior
Cocina en L con anexo
para comedor de Alno

*Nella pagina precedente
Cucina a L con annesso
per sala da pranzo di Alno.*

Na página anterior
Cozinha em L, com anexo
para sala-de-jantar, de Alno.

Zona de comedor y alacenas
Stilnovo de Elledue.

*Zona sala da pranzo e armadi
Stilnovo di Elledue.*

Zona de sala de jantar e
armários embutidos
Stilnovo, de Elledue.

En página siguiente
Cocina en un frente con
módulo bodega de Alno.

*Nella pagina successiva
Cucina a una sola parete
con modulo bottega di
Alno.*

Na página siguiente
Cozinha numa frente,
com módulo adega, de
Alno.

TWINING
EARL
GREY TE
GERSTE

GRIES
ZANKER
Rumtopf

Cocina con isla central de Alno.

Cucina con isola centrale di Alno.

Cozinha com ilha central, de Alno.

Cocina con alacena anexa de Alno.

Cucina con arma di annessi di Alno.

Cozinha com despensa anexa, de Alno.

Módulo alacena de Alno.

Modulo armadio di Alno.

Módulo despensa, de Alno.

Cocina en un solo frente de Alno.

Cucina a un sola parete di Alno.

Cozinha numa única frente, de Alno.

Isla de cocción de Alno.

Isola di cottura di Alno.

Ilha de cocção, de Alno.

Cocina con isla de cocción y comedor de Alno.

Cucina con isola di cottura e sala da pranzo di Alno.

Cozinha com ilha de cocção e sala de jantar, de Alno.

Cocina en L con isla de trabajo de Alno.

Cucina a L con isola di lavoro di Alno.

Cozinha em L, com ilha de trabalho, de Alno.

Mod. Risate de Febal.

Mod. Risate di Febal.

Modelo Risate, de Febal.

Módulo alacena de Alno.

Modulo alacena di Alno.

Módulo despensa, de Alno.

Mod. Sinfon de Febal.

Mod. Sinfon di Febal.

Modelo Sinfon, de Febal.

Mod. Maya de Febal.

Mod. Maya di Febal.

Modelo Maya, de Febal.

REX

En página anterior
Detalle mod. Sinfon de Febal.

*Nella pagina precedente
Dettaglio mod. Sinfon di Febal.*

Na página anterior
Detalhe Modelo Sinfon de Febal.

Cocina en J de Miele. *Cucina a J di Miele.* Cozinha em J, de Miele.

Variación del mismo modelo en L de Alno. *Variazione dello stesso modello a L di Alno.* Variação do mesmo modelo em L, de Alno.

Mod. Paesana de Florida.

Mod. Paesana di Florida.

Modelo Paesana, de Florida.

En página siguiente Cocina en L de Alno.

Nella pagina successiva Cucina a L di Alno.

Na página siguiente Cozinha en L de Alno

Mod. Rosat de Febal.

Mod. Rosat di Febal.

Modelo Rosat, de Febal.

Zona de cocción del mod. Paesana de Florida.

Zona di cottura del mod. Paesana di Florida.

Zona de cocção do Modelo Paesana, de Florida.

Mod. Cosmo de Nobilia.

Mod. Cosmo de Nobilia.

Modelo Cosmo, de Nobilia.

Mod. Casale de Febal.

Mod. Casale di Febal.

Modelo Casale, de Febal.

En página siguiente
Cocina con isla de trabajo y lavado de Miele.

Nella pagina successiva
Cucina con isola di lavoro e lavaggio di Miele.

Na página siguiente
Cozinha com ilha de trabalho e lavagem de Miele.

Cocina en un solo frente con comedor adosado de Miele.

Cucina a una sola parete con sala da pranzo affiancata di Miele.

Cozinha com uma única frente, com sala de jantar anexa, de Miele.

Cocina en L con comedor de Miele.

Cucina a L con sala da pranzo di Miele.

Cozinha em L, com sala de jantar, de Miele.

Detalle de zona de preparación.

Dettaglio della zona di preparazione.

Detalhe de zona de preparação.

Cocina comedor de Miele.

Cucina di Miele.

Cozinha-sala de jantar, de Miele.

Cocina en un solo frente de Miele.

Cucina a una sola parete di Miele.

Cozinha numa única frente, de Miele.

Cocina comedor de Leicht.

Cucina di Leicht.

Cozinha-sala de jantar, de Leicht.

Cocina en L con campana
de obra de Leicht.

*Cucina a L con campana
a muro di Leicht.*

Cozinha em L, com
exaustor de obra, de Leicht.

Cocina en L de Leicht.

Cucina a L di Leicht.

Cozinha em L, de Leicht.

Cocina de Leicht.

Cucina di Leicht.

Cozinha de Leicht.

Módulo de cocción
de Leicht.

*Modulo di cottura
di Leicht.*

Módulo de cocção,
de Leicht.

Cocina en L de
Leicht.

*Cucina a L di
Leicht.*

Cozinha em L,
de Leicht.

Cocina en L de Leicht.

Cucina a L di Leicht.

Cozinha em L, de Leicht.

En página anterior
Cocina comedor
de Siematic.

Nella pagina precedente
Cucina di Siematic.

Na página anterior
Cozinha-sala de jantar,
de Siematic.

Cocina Leicht.

Cucina Leicht.

Cozinh Leicht.

Mod. Le Floglie de Florida.

Mod. Le Floglie di Florida.

Mod. Le Floglie, de Florida.

Cocina con isla central de Siematic.

Cucina con isola centrale di Siematic.

Cozinha com ilha central de, de Siematic.

Mod. Old Style de Florida.

Mod. Old Style di Florida.

Modelo Old Style, de Florida.

Detalle de zona de trabajo de Mobalpa.

Dettaglio di zona lavoro di Mobalpa.

Deatlhe de zona de trabalho, de Mobalpa.

Mod. Antik de Nolte.

Mod. Antik di Nolte.

Modelo Antik, de Nolte.

Cocina con módulos empotrados de Mobalpa.

Cucina con moduli a muro di Mobalpa.

Cozinha com módulos encastrados, de Mobalpa.

Mod. Casale de Febal.

Mod. Casale di Febal.

Modelo Casale, de Febal.

En página siguiente Zona de cocción de Mobalpa.

Nella pagina successiva Zona di cottura di Mobalpa.

Na página siguiente Zona de cocção, de Mobalpa.

Mod. Country de Nolte.

Mod. Country di Nolte.

Modelo Country, de Nolte.

Zona de lavado del mod. Colorado de Nobilia.

Zona di lavaggio del mod. Colorado di Nobilia.

Zona de lavagem do modelo Colorado, de Nobilia.

Mod. Bohême de Febal.

Mod. Bohême di Febal.

Modelo Bohême, de Febal.

Mod. Colorado de Nobilia.

Mod. Colorado di Nobilia.

Modelo Colorado, de Nobilia.

En página anterior
Mod. Castell de Nolte.

Nella pagina precedente
Mod. Castell di Nolte.

Na página anterior
Modelo Castell, de Nolte.

Mod. Conte de Febal.

Mod. Conte di Febal.

Modelo Conte, de Febal.

Mod. Dallas 611 de Nolte.

Mod. Dallas 611 di Nolte.

Modelo Dallas 611, de Nolte.

Mod. Cortina de Nobilia.

Mod. Cortina di Nobilia.

Modelo Cortina, de Nobilia.

Modelo de Mobalpa.

Modello di Mobalpa.

Modelo de Mobalpa

Modelo de Mobalpa.

Modello di Mobalpa.

Modelo de Mobalpa.

Mod. Dallas de Nolte.

Mod. Dallas di Nolte.

Mod. Dallas, de Nolte.

Mod. Genf de Nobilia.

Mod. Genf di Nobilia.

Mod. Genf, de Nobilia.

Mod. Flora de Febal.

Mod. Flora di Febal.

Mod. Flora, de Febal.

Mod. Flora di Febal.

Mod. Flora de Febal.

Mod. Flora, de Febal.

Mod. Lugano 366
de Nobilia.

*Mod. Lugano 366
di Nobilia.*

Modelo Lugano 366,
de Nobilia.

Mod. Lugano 585
de Nobilia.

*Mod. Lugano 585
di Nobilia.*

Modelo Lugano 585,
de Nobilia.

Mod. Lugano 353
de Nobilia.

*Mod. Lugano 353
di Nobilia.*

Modelo Lugano 353,
de Nobilia.

Mod. Medea de Febal.

Mod. Medea di Febal.

Modelo Medea, de Febal.

En página siguiente
Mod. Montana de Nolte.

*Nella pagina successiva
Mod. Montana di Nolte.*

Na página successiva
Modelo Montana, de
Nolte.

Mod. Natura de Nobilia.

Mod. Natura di Nobilia.

Modelo Natura, de Nobilia.

Mod. Salerno de Nolte.

Mod. Salerno di Nolte.

Modelo Salerno, de Nolte.

Mod. Salerno de Nolte.

Mod. Salerno di Nolte.

Modelo Salerno, de Nolte.

Mod. Nostalgie de Nolte.

Mod. Nostalgie di Nolte.

Modelo Nostalgie, de Nolte.

Mod. Pasadena
de Nobilia.

*Mod. Pasadena
di Nobilia.*

Modelo Pasadena,
de Nobilia.

Mod. Savoy de Nobilia. *Mod. Savoy di Nobilia.* Modelo Savoy, de Nobilia.

Mod. Royal de Nobilia.

Mod. Royal di Nobilia.

Modelo Royal, de Nobilia.

Módulo para horno de Mobalpa.

Modulo per forno di Mobalpa.

Módulo para forno, de Mobalpa.

Modelo de Mobalpa.

Modello di Mobalpa.

Modelo de Mobalpa.

Mod. Village de Nobilia.

Mod. Village di Nobilia.

Mod. Village, de Nobilia.

ZANKER

Electrodomésticos *Elettrodomestici*
Electrodomésticos

La tónica dominante es la versatilidad. Diferentes tamaños según el tipo de usuarios de hoy día, empotrables o exentos, en tierra o elevados, para una persona o un regimiento, como parte de un diseño global o pieza única... Se apuesta por la pureza de líneas y se dice adiós a lo superfluo: las prestaciones de cada elemento constituyen el colmo del lujo y el material de acabado el sello definitivo de su noción de estilo.

L'elemento dominante è la versatilità. Dimensioni diverse a seconda del tipo e del gusto del cliente, a muro o separati, a terra o elevati, per una persona o per un reggimento, come parte di un design globale o pezzo unico ... Si punta sulla purezza delle linee e si dice addio a tutto ciò che è superfluo: le prestazioni di ogni elemento costituiscono il massimo del lusso e il materiale di rifinitura è il segnale definitivo dello stile.

A tónica dominante é a versatilidade. Diferentes tamanhos, segundo o tipo de usuários de hoje em dia, encastráveis ou exentos, no chão ou elevados, para uma pessoa ou um regimento, como parte de um design global ou peça única... Aposta-se pela pureza de linhas, e diz-se adeus ao supérfluo: os desempenhos de cada elemento constituem o máximo do luxo, e o material de acabamento o selo definitivo da sua noção de estilo.

En página anterior frigorífico con puerta panelada de Alno

Nella pagina precedente Frigorifero con porta pannellata di Alno

Na página anterior Frigorífico com porta em painel de Alno.

Nevera para apartamento de Alno con puerta panelada

Frigorifero da appartamento di Alno con porta pannellata

Frigorífico para estúdio de Alno com porta de painel.

Módulo de cocción y
almacenamiento en un
solo frente de Alno.

*Modulo di cottura e
immagazzinaggio ad una
sola parete di Alno.*

Módulo de cocção e
aramzenamento numa
só frente de Alno.

Nevera empotrada modelo
TIPI de Mobalpa

*Frigorifero a muro modello
TIPI di Mobalpa*

Frigorífico encastrado
modelo TIPI de Mobalpa.

Nevera bajo encimera
de Alno.

*Frigorifero sotto piano di
lavoro di Alno.*

Frigorífico debaixo de
bancada, de Alno.

KÜCHE
MENÜ
ZANKER

Las asas dan un toque vanguardista al modelo de Whirlpool.

Le maniglie danno un tocco d'vanguardia al modello di Whirlpool.

As asas dão um toque vanguardista ao modelo de Whirlpool.

Modelo de Whirlpool con dos puertas.

Modello di Whirlpool a due porte.

Modelo de Whirlpool, com duas portas.

Congelador y refrigerador en dos módulos de Whirlpool.

Congelatore e refrigeratore a due moduli di Whirlpool.

Congelador e frigorífico em dois módulos de Whirlpool.

Nevera de una sola puerta de Whirlpool.

Frigorifero a una sola porta di Whirlpool.

Frigorífico de uma só porta de Whislpool.

Frigorífico de dos puertas con dispensador de cubitos. Mod. de Whirlpool.

Frigorifero a due porte con dispensatore di cubetti di ghiaccio. Mod. di Whirlpool.

Frigorífico de duas portas com distribuidor de cubos de gelo. Mod. de Whirlpool.

Nevera y congelador de dos puertas con dispensador de hielo mod. ART de Whirlpool.

Frigorifero e congelatore a due porte con dispensatore di ghiaccio mod. ART di Whirlpool.

Frigorífico e congelador de duas portas com distribuidor de gelo, mod. Art de Whirlpool.

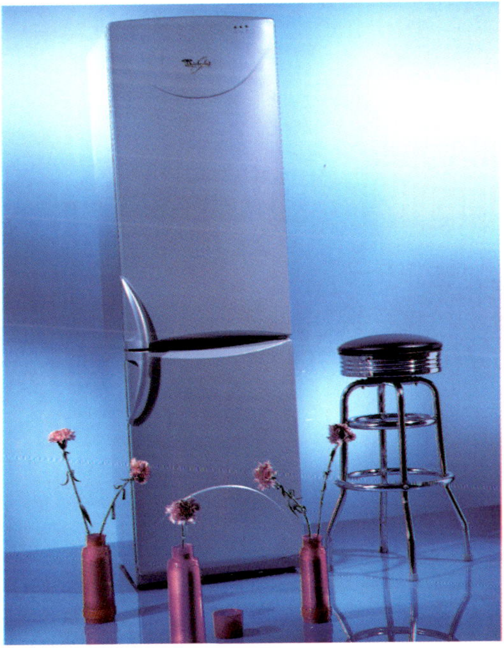

Modelo ARZ de Whirlpool en color azul.

Modello ARZ di Whirlpool di color blu.

Modelo ARZ de Whirlpool em azul.

Nevera de dos puertas
mod. Ostyle 08 de
Rosieres.

*Frigorifero a due porte
mod. Ostyle 08 di Rosieres.*

Frigorífico de duas portas
mod. Ostyle 08 de
Rosieres.

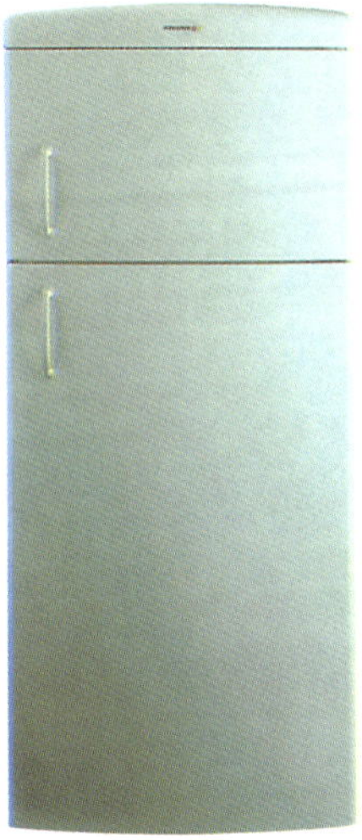

Nevera de dos puertas
mod. Ostyle 07 de
Rosieres.

*Frigorifero a due porte
mod. Ostyle 07 di
Rosieres.*

Frigorífico de duas
portas mod. Ostyle 07 de
Rosieres.

Nevera de dos puertas
mod. Ostyle 09 de
Rosieres.

*Frigorifero a due porte
mod. Ostyle 09 di Rosieres.*

Frigorífico de duas portas
mod. Ostyle 09 de
Rosieres.

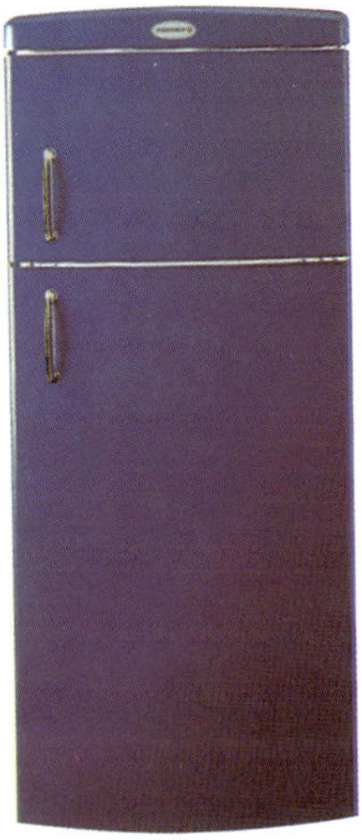

Nevera de dos puertas
mod. Ostyle 10 de Rosieres.

*Frigorifero a due porte
mod. Ostyle 10 di Rosieres.*

Frigorifico de duas portas
mod. Ostyle 10 de Rosieres.

El color de estos modelos
de Whirlpool cambia
con la luz .

*Il colore di questi modelli
di Whirlpool cambia
con la luce.*

A cor destes modelos de
Whirlpool muda
com a luz.

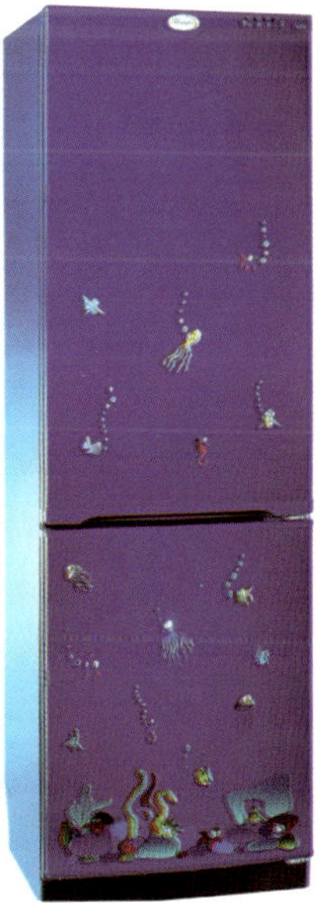

Una desenfadada
presentación para un modelo
de alta tecnologia.

*Una disinvolta
presentazione per un
modello di alta tecnologia.*

Uma desembaraçada
apresentação para um
modelo de alta tecnologia.

El mod. 18 de Whirlpool incorpora un reloj en la puerta superior.

Il mod. 18 di Whirlpool incorpora un orologio nella porta superiore.

O mod. 18 de Whirlpool tem incorporado um relógio na porta superior.

Mod. FR-700CB de Daewo con un aire retro en el color y el diseño.

Mod. FR-700CB di Daewo con un'aria retro nel colore e nel design.

Mod. FR-700CB de Daewoo, com um ar retro na cor e no design.

El mod. OZ de Zanussi rompe con la regularidad de las formas convencionales.

Il mod. OZ di Zanussi rompe con la regolarità delle forme convenzionali.

O mod. OZ de Zanussi rompe com a regularidade das formas convencionais.

La nevera bodega de Gaggenau, pensada para restaurantes y sibaritas.

Il Frigorifero bottega di Gaggenau, pensato per ristoranti e per gli amanti dei piaceri.

O frigorífico garrafeira de Gaggenau, pensado para restaurantes e sibaritas.

Campana decorativa de Alno encajada en un rincón.

Cappa decorativa di Alno incastrata in un angolo.

Exaustor decorativo de Alno encaixado num canto.

Campana extractora de Alno en acero inoxidable con estantes auxiliares de rejilla.

Cappa di Alno in acciaio inossidabile con mensole ausiliari a griglia.

Exaustor de Alno, em aço inoxidável com prateleiras auxiliares de rede.

Campana de Siemens con tres focos halógenos.

Cappa di Siemens con tre faretti alogeni.

Exaustor de Siemens com três focos halogénicos.

ZANKER

Original campana a dos aguas con visera delantera de Alno.

Originale cappa a due acque con visiera frontale di Alno.

Original exaustor a duas águas com visor dianteiro de Alno.

Campana decorativa de Alno en acero inoxidable.

Cappa decorativa di Alno in acciaio inossidabile.

Exaustor decorativo de Alno em aço inoxidável.

Esta campana de Alno mantiene su potencia extractora en una superficie inferior.

Questa cappa di Alno mantiene la sua potenza di estrazione su una superficie inferiore.

Este exaustor de Alnomantém a sua potência extractora numa superficie inferior.

ZANKER

Campana decorativa
mod. LC 75955 de Siemens.

Cappa decorativa
mod. LC 75955 di Siemens.

Exaustor decorativo
mod. LC 75955 de Siemens.

Campana decorativa
mod. LC 56950 de Siemens.

Cappa decorativa
mod. LC 56950 di Siemens.

Exaustor decorativo
mod. LC 56950 de Siemens.

Campana decorativa
mod. LC 85950 de Siemens.

Cappa decorativa
mod. LC 85950 di Siemens.

Exaustor decorativo
mod. LC 85950 de Siemens.

Campana decorativa
mod. LC 56650 de Siemens.

Cappa decorativa
mod. LC 56650 di Siemens.

Exaustor decorativo
mod. LC 56650 de Siemens.

Campana decorativa
de Alno.

*Cappa decorativa
di Alno.*

Exaustor decorativo
de Alno.

Campana decorativa en acero y cristal mod. LC 80950 de Siemens.

Cappa decorativa in acciaio e vetro mod. LC 80950 di Siemens.

Exaustor decorativo em aço e cristal mod. LC 80950 de Siemens.

Campana decorativa en acero mod. SM835 de Siemens.

Cappa decorativa in acciaio mod. SM835 di Siemens.

Exaustor decorativo em aço mod. SM 835 de Siemens.

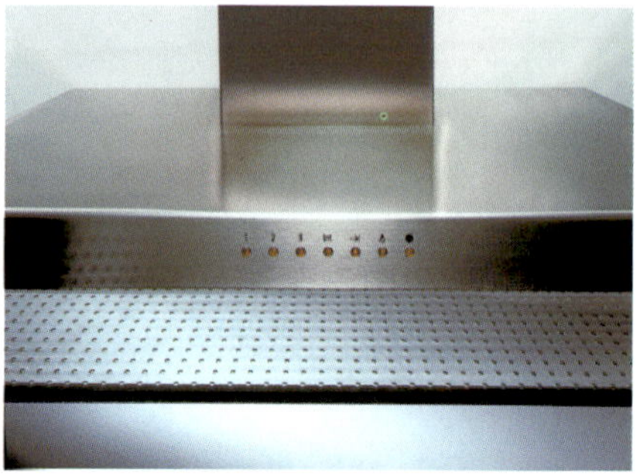

Diseño ultraplano para una campana de gran potencia. Mod. SM796 de Siemens,

Design ultrapiatto per una cappa di grande potenza. Mod. SM796 di Siemens.

Design ultraplano para um esaustor de grande potência mod. SM 796 de Siemens.

Campana de diseño ultradinámico para grandes cocinas. Mod. de Alno.

Cappa di design ultradinamico per cucine grandi. Mod. di Alno.

Exaustor de design ultradinâmico para grandes cozinhas. Mod. De Alno.

Campana integrada mod. de Whirlpool.

Cappa integrata mod. di Whirlpool.

Exaustor integrado mod. de Whirlpool.

Campana decorativa para isla de cocción mod. de Nolte.

Cappa decorativa per isola di cottura mod. di Nolte.

Exaustor decorativo para ilha de cocção mod. de Nolte.

ZANKER

La fuerza del acero se aligera con un diseño minimalista de Alno.

La forza dell'acciaio viene alleggerita con un design minimalista di Alno.

A força do aço é aligeirada com um design minimalista de Alno.

Campana que pende del techo con estantes anexos de Leicht.

Cappa che pende dal tetto con mensole annesse di Leicht.

Exaustor que pende do tecto, com prateleiras anexas de Leicht.

La campana de cristal sobre la superficie extractora confiere ligereza al modelo de Alno.

La Cappa di vetro sulla superficie di estrazione conferisce leggerezza al modello di Alno.

O exaustor de cristal sobre a superficie extractora confere ligeireza ao modelo de Alno.

Placa de cocción y horno empotrado en el mismo módulo de Alno.

Placca di cottura e forno incastrato nello stesso modulo di Alno.

Placa de cocção e forno encastrado no mesmo módulo, de Alno.

Horno y placa de cocción a juego con el frente de cajones y gavetas de Alno.

Forno e placca di cottura a sintonia con la parete di cassetti e cassettoni di Alno

Forno e placa de cocção a fazer jogo com a frente de gavetas de Alno.

Horno mod. HB 89E44
de Siemens.

*Forno mod. HB 89E44
di Siemens.*

Forno mod. HB 89E44
de Siemens.

Horno mod. HB 66E44
de Siemens.

*Forno mod. HB 66E44
di Siemens.*

Forno mod. HB 66E44
de Siemens.

Horno mod. HB 66E24
de Siemens.

*Forno mod. HB 66E24
di Siemens.*

Forno mod. HB 66E24
de Siemens.

Módulo con
microondas y
horno de Leicht.

*Modulo con
microonde e
forno di Leicht.*

Módulo com
microondas e
forno de Leicht

Mod. HB 66E54
de Siemens.

*Mod. HB 66E54
di Siemens.*

Mod. HB 66E54
de Siemens.

Horno mod. HB 66E64
de Siemens.

*Forno mod. HB 66E64
di Siemens.*

Forno mod. HB 66E64
de Siemens.

Mod. HB 79E24
de Siemens.

*Mod. HB 79E24
di Siemens.*

Mod. HB 79E24
de Siemens.

Horno multifunción
mod. AKP 500 de Whirlpool.

*Forno multifunzionale
mod. AKP 500 di Whirlpool.*

Forno multifunções
mod. AKP 500 de Whirlpool.

Horno multifunción
mod. AKP 525 de Whirlpool.

*Forno multifunzionale
mod. AKP 525 di Whirlpool.*

Forno multifunções
mod. AKP 525 de Whirlpool.

Horno multifunción
mod. AKP 634 de Whirlpool.

*Forno multifunzionale
mod. AKP 634 di Whirlpool.*

Forno multifunções
mod. AKP 634 de Whirlpool.

Horno multifunción mod.
AKP 636 de Whirlpool.

*Forno multifunzionale mod.
AKP 636 di Whirlpool.*

Forno multifunções mod.
AKP 636 de Whirlpool.

Horno empotrable
mod. AKZ 144 de Whirlpool.

Forno inseribile
mod. AKZ 144 di Whirlpool.

Forno encastrável
mod. AKZ 144 de Whirlpool.

Hornoextra ancho
mod. AKG 637 de Whirlpool.

Forno ultra largo
mod. AKG 637 di Whirlpool.

Forno extra-largo
mod. AKG 637 de Whirlpool.

Horno mod. AKP 638
de Whirlpool.

Forno mod. AKP 638
di Whirlpool.

Forno mod. AKP 638
de Whirlpool.

Horno encimera
mod. COM de Whirlpool.

Forno piano di lavoro
mod. COM di Whirlpool.

Forno bancada
mod. COM de Whirlpool.

Horno multifunción
de Siemens.

*Forno multifunzionale
di Siemens.*

Forno multifunções de
Siemens

Horno microondas
de Nolte.

*Forno microonde
di Nolte.*

Forno microondas
de Nolte.

Horno empotrado en altura de Alno.

Forno incastrato in altezza di Alno.

Forno encastrado em altura de Alno.

Horno eléctrico empotrado mod. AKZ 144 de Whirlpool.

Forno elettrico incastrato mod. AKZ 144 di Whirlpool.

Forno eléctrico en castrado mod. AKZ 144 de Whirlpool.

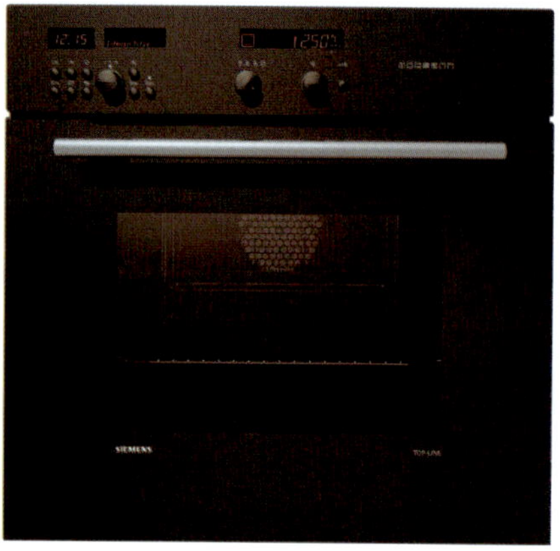

Horno mod. HB 79E64 de Siemens.

Forno mod. HB 79E64 di Siemens.

Forno mod. HB 79E64 de Siemens.

Horno mod. HE 37064 de Siemens.

Forno mod. HE 37064 di Siemens.

Forno mod. HE 37064 de Siemens.

Horno mod. HE 56054 de Siemens.

Forno mod. HE 56054 di Siemens.

Forno mod. HE 56054 de Siemens.

Horno mod. HE 56E64 de Siemens.

Forno mod. HE 56E64 di Siemens.

Forno mod. HE 56E64 de Siemens.

Horno mod. HE 56024 de Siemens.

Forno mod. HE 56024 di Siemens.

Forno mod. HE 56024 de Siemens.

Horno mod. HE 56044 de Siemens.

Forno mod. HE 56044 di Siemens.

Forno mod. HE 56044 de Siemens.

Horno mod. HE 68E44 de Siemens.

Forno mod. HE 68E44 di Siemens.

Forno mod. HE 68E44 de Siemens.

Horno mod. HE 89E54 de Siemens.

Forno mod. HE 89E54 di Siemens.

Forno mod. HE 89E54 de Siemens.

Horno empotrado
mod. ZANKER de Alno.

*Forno inserito
mod. ZANKER di Alno.*

Forno encastrado
mod. ZANKER de Alno.

Horno y microondas con
puertas de acero
mod. de Whirlpool.

*Forno e microonde con
porte di acciaio
mod. di Whirlpool.*

Forno e microondas com
portas de aço
mod. de Whirlpool.

Módulo de
almacenamiento con horno
empotrado mod. de Alno.

*Modulo di imagazzinaggio
con forno incastrato
mod. di Alno.*

Módulo de armazenagem
com foro encastrado
mod. De Alno.

ZANKER

Horno de dos puertas
mod. SM863 de Siemens.

*Forno di due porte
mod. SM863 di Siemens.*

Forno de duas portas
mod. SM863 de Siemens.

Horno independiente
empotrado en altura
de Alno.

*Forno indipendente
incastrato in altezza
di Alno.*

Forno independente
encastrado em altura,
de Alno.

Horno eléctrico de acero
inoxidable mod. SM070
de Siemens.

*Forno elettrico di acciaio
inossidabile mod. SM070
di Siemens.*

Forno eléctrico de aço
inoxidável mod. SM 070
de Siemens.

Horno y microondas
empotrados en altura
mod. SARILA
de Mobalpa.

*Forno e microonde
inseriti in altezza
mod. SARILA
di Mobalpa.*

Forno e microondas
encastrados em altura,
mod. SARILA de
Mobalpa.

Frente de cocción con
placa, horno y campana
de Siemens.

*Frente di cottura con
placca, forno e cappa
di Siemens.*

Frente de cocção com
placa, forno e exaustor
de Siemens.

Horno empotrado con
puerta abatible
mod. SM887 de Siemens.

*Forno incastrato con
porta abbattibile
mod. SM887 di Siemens.*

Forno encastrado com
porta abatível
mod. SM887 de Siemens.

Lavavajillas bajo fregadero con puerta panelada de Alno.

Lavastoviglie sotto lavello con porta pannellata di Alno.

Máquina de lavar loiça debaixo de lava-loiças com porta em painel de Alno.

Lavavajillas integrado bajo encimera con puerta panelada de Alno.

Lavastoviglie integrado sotto piano di lavoro con porta pannellata di Alno.

Máquina de lavar loiça integrada debaixo de bancada com porta de painel de Alno.

La vavajillas integrado con puerta panelada de Alno.

Lavastoviglie integrado con porta pannellata di Alno.

Máquina de lavar loiça integrada com porta de painel de Alno.

Lavavajillas familiar elevado en módulo con cajones de Alno.

Lavastoviglie famigliare elevata in modulo con cassetti di Alno.

Máquina de lavar loiça familiar elevada elevada em módulo com gavetas de Alno.

Lavavajillas para pocos servicios empotrado de Mobalpa.

Lavastoviglie per pochi servizi incastrata di Mobalpa.

Máquina de lavar loiça para pouco serviço encastrada de Mobalpa.

Mini lavavajillas de Alno empotrado y panelado.

Mini Lavastoviglie di Alno incastrata e pannellato.

Mini máquina de lavar loiça de Alno, encastrada e em painel.

TRAUMSTÄDTE EUROPAS
ZANKER

Original hendidura de
apertura en el
de Whirlpool.

*Originale fenditura di
apertura nel
di Whirlpool.*

Original fenda de
abertura no
de Whirlpool.

Lavavajillas integrado en
el frente de cocina
de Whirlpool.

*Lavastoviglie integrata nella
parete della cucina
di Whirlpool.*

Máquina de lavar loiça integrada
na frente de cozinha
de Whirlpool.

Lavavajillas
de Whirlpool.

*Lavastoviglie
di Whirlpool.*

Máquina de lavar loiça
de Whirlpool.

Lavavajillas
mod. de Whirlpool.

*Lavastoviglie
mod. di Whirlpool.*

Máquina de lavar loiça
mod. de Whirlpool.

Sensor Programs
24
Made in Germany
AAA
Whirlpool
6th

Lavavajillas integrado
bajo el fregadero de Alno.

*Lavastoviglie integrata
sotto il lavello di Alno.*

Máquina de lavar loiça
integrada debaixo do
lava-loiças, de Alno.

Lavavajillas bajo
encimera de Alno.

*Lavastoviglie sotto piano
di lavoro di Alno.*

Máquina de lavar loiça
debaixo de bancada, de
Alno.

Lavavajillas empotrado
en módulo alto de Alno.

*Lavastoviglie incastrata
nel modulo alto di Alno.*

Máquina de lavar loiça
encastrada em módulo
alto de Alno.

Lavavajillas familiar
de Alno.

*Lavastoviglie famigliare
di Alno.*

Máquina de lavar loiça
familiar de Alno.

Lavavajillas con los
mandos disimulados
mod. de Whirlpool.

*Lavastoviglie con i
comandi nascosti
mod. di Whirlpool.*

Máquina de lavar loiça
com os comandos
dissimulados
mod. de Whirlpool.

Fregadero con escurridor y
pequeño lavavajillas
integrado de Alno.

*Lavello con colatoio e
piccola lavastoviglie
incorporata di Alno.*

Lava loiças com escorredor
e pequena máquina de
lavar loiça integrada,
de Alno.

Últimos modelos para refrigeración, lavado y cocción de Whirlpool.

Ultimi modelli per refrigerazione, lavaggio e cottura di Whirlpool.

Últimos modelos para refrigeração, lavagem e cocção de Whirlpool.

Lavadora de gran capacidad de Whirlpool.

Lavatrice di gran capacità di Whirlpool.

Máquina de lavar roupa de grande capacidade, de Whirlpool.

Lavavajillas y secadora en columna de Whirlpool.

Lavastoviglie e asciugatrice a colonna di Whirlpool.

Máquina de lavar loiça e secadora em coluna de Whirlpool.

Lavadora de carga frontal mod. de Whirlpool.

Lavatrice a carica frontale mod. di Whirlpool.

Máquina de lavar roupa de carga frontal mod. de Whirlpool.

Secadora mod. de Whirlpool.

Asciugatrice mod. di Whirlpool.

Secadora mod. de Whirlpool.

Lavadora de carga superior mod. de Whirlpool.

Lavatrice a carica superiore mod. di Whirlpool.

Máquina de lavar roupa de carga superior mod. de Whirlpool.

Whirlpool

Horno microondas
mod. HF 87960 de Siemens.

Forno microonde
mod. HF 87960 di Siemens.

Forno microondas
mod. HF 97960 de Siemens.

LHorno microondas
mod. HF 66061 de Siemens.

Forno microonde
mod. HF 66061 di Siemens.

Forno microondas
mod. HF 66061 de Siemens.

Horno microondas
mod. HF 87950 de Siemens.

Forno microonde
mod. HF 87950 di Siemens.

Forno microondas
mod. HF 87950 de Siemens.

Horno microondas
mod. HF 87940 de Siemens.

Forno microonde
mod. HF 87940 di Siemens.

Forno microondas
mod. HF 87940 de Siemens.

Horno microondas mod.
MAXIMO de Whirlpool.

Forno microonde mod.
MAXIMO di Whirlpool.

Forno microondas mod.
MAXIMO de Whirlpool.

Whirlpool

Horno microondas
mod. HF 66051 de Siemens.

Forno microonde
mod. HF 66051 di Siemens.

Forno microondas
mod. HF 66051 de Siemens.

Horno microondas
mod. HF 66041 de Siemens.

Forno microonde
mod. HF 66041 di Siemens.

Forno microondas
mod. HF 66041 de Siemens.

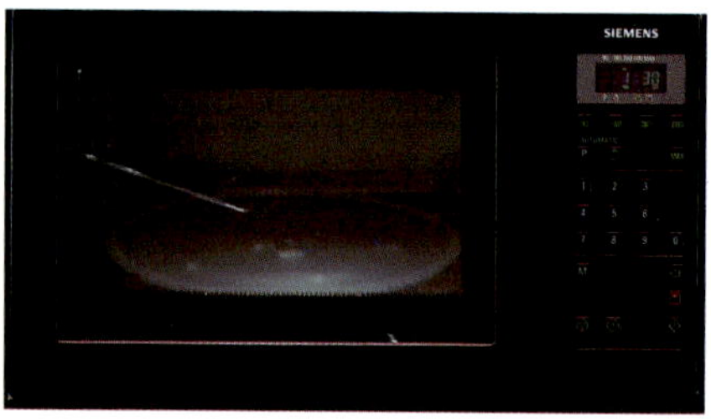

Horno microondas
mod. HF 26561 de Siemens.

Forno microonde
mod. HF 26561 di Siemens.

Forno microondas
mod. HF 26561 de Siemens.

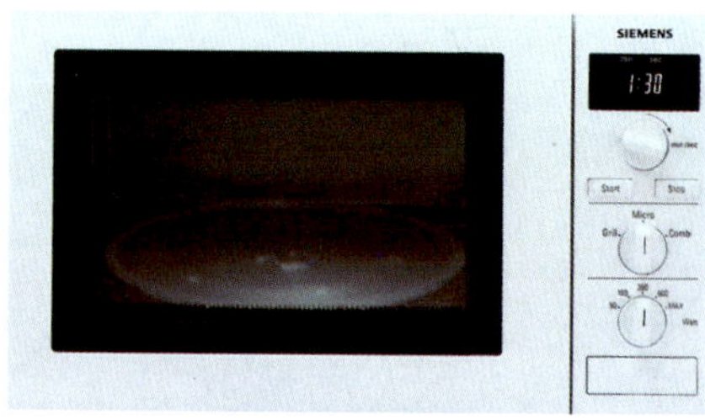

Horno microondas
mod. HF 23520 de Siemens.

Forno microonde
mod. HF 23520 di Siemens.

Forno microondas
mod. HF 23520 de Siemens.

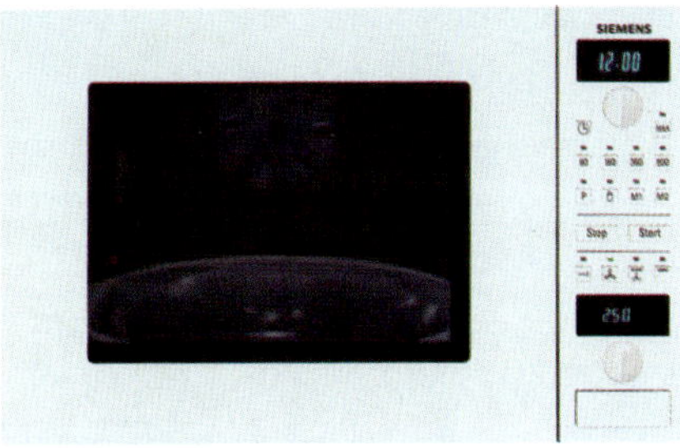

Horno microondas
mod. HF 66021 de Siemens.

Forno microonde
mod. HF 66021 di Siemens.

Forno microondas
mod. HF 66021 de Siemens.

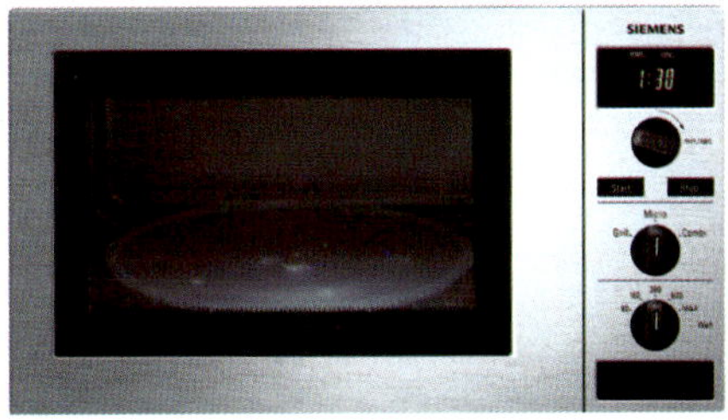

Horno microondas
mod. HF 23550 de Siemens.

Forno microonde
mod. HF 23550 di Siemens.

Forno microondas
mod. HF 23550 de Siemens.

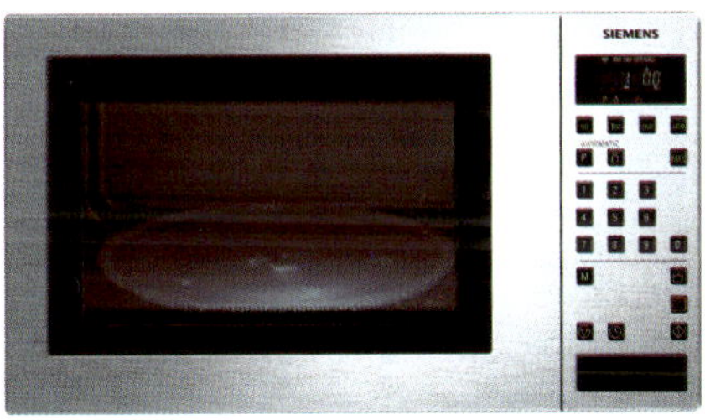

Horno microondas
mod. HF 26551 de Siemens.

Forno microonde
mod. HF 26551 di Siemens.

Forno microondas
mod. HF 26551 de Siemens.

Soluciones para el orden / *Soluzioni per l'ordine*
Soluçoes para a ordem

"Un sitio para cada cosa y cada cosa en su sitio" es la máxima vigente en el diseño de muebles contenedores. Armarios, cajones, alacenas son un despliegue de ingenio para solventar la distribución racional de utensilios, recipientes y alimentos según pesos, tamaños y frecuencias de uso. El interior de cada módulo se somete a un análisis riguroso para que ninguna superficie quede al margen de la misión ordenadora y distribuidora. Elementos auxiliares para objetos pequeños (colgadores, ganchos o barras) realzan su función con un toque de estilo en su diseño.

"Un posto per ogni cosa e ogni cosa al suo posto" è la frase che riassume la filosofia alla base del design dei mobili contenitori. Armadi, cassettoni, credenze sono una vera e propria dimostrazione di genialità nella risolzione della distribuzione razionale degli utensili, recipienti e degli alimenti a seconda del peso, dimensioni e frequenze d'uso. L'interno di ogni modulo viene sottoposto ad un'analisi rigorosa affinché tutte le superfici svolgano la propria missione di ordine e distribuzione. Elementi ausiliari per oggetti piccoli (attaccapanni, ganci o sbarre) evidenziano la loro funzione con un tocco di classe nello stile design.

"Um sítio para cada coisa e cada coisa no seu sítio" é a máxima vigente no design de móveis contentores. Armários, gavetas e embutidos são uma demonstração de engenho para resolver a distribuição racional de utensílios, recipientes e alimentos segundo pesos, tamanhos e frequências de uso. O interior de cada módulo é submetido a uma análise rigorosa, para que nenhuma superfície fique à margem da missão ordenadora e distribuidora. Elementos auxiliares para objectos pequenos (ganchos, cabides ou barras) realçam a sua função com um toque de estilo no seu design.

En página anterior
Cocina Star de Nolte.

Nella pagina precedente
Cucina Star di Nolte.

Na página anterior
Cozinha Star, de Nolte.

Varilla metálica con ganchos para utensilios de Nolte.

Sbarra metallica con ganci per utensili di Nolte

Varão metálico, com ganchos para utensílios, de Nolte.

armarios

Los armarios de cocinas, diseñados según un esquema modular, mantienen propuestas exitosas con nuevas combinaciones que aprovechan los rincones mediante estructuras extraíbles de materiales ultraligeros, así como piezas independientes que rompen con el frente continuo (módulos de trabajo circulares con sobre de madera), buscando el pragmatismo en las puertas plegables o abatibles tanto como en la adición de elementos más propios de otras estancias (archivadores, vitrinas de cristal estructurado, estantes decorativos, ...).

armadi

Gli armadi da cucina, disegnati in base ad uno schema modulare, mantengono proposte di successo con nuove combinazioni che approfittano gli angoli mediante strutture estraibili di materiali ultraleggeri, così come pezzi indipendenti che spezzano il fronte continuo (moduli di lavoro circolari con piano di legno), cercando il senso pratico nelle porte pieghevoli o reclinabili e negli elementi più comuni in altre stanze (archiviatori, vetrine di cristallo strutturato, mensole decorative, ...).

armários

Os armários de cozinha, criados segundo um esquema modular, matêm propostas de êxito, com novas combinações que aproveitam os cantos mediante estructuras extraíveis de materiais ultra-ligeiros, assim como com peças independentes que rompem com a frente contínua (módulos de trabalho circulares com superfície superior de madeira, por exemplo), procurando o pragmatismo, tanto nas portas dobráveis ou abatíveis, como na adição de elementos mais próprios de outros espaços (arquivadores, vitrinas de cristal estructurado, prateleiras decorativas, etc.).

En página anterior
Armario con puerta de guillotina de Tielsa.

Nella pagina precedente
Armadio con porta a serranda di Tielsa.

Na página anterior
Armário com porta de guilhotina, de Tielsa.

Armario vitrina de 3 puertas de Alno.

Armadio vetrina a 3 porte di Alno.

Armário vitrina de três portas, de Alno.

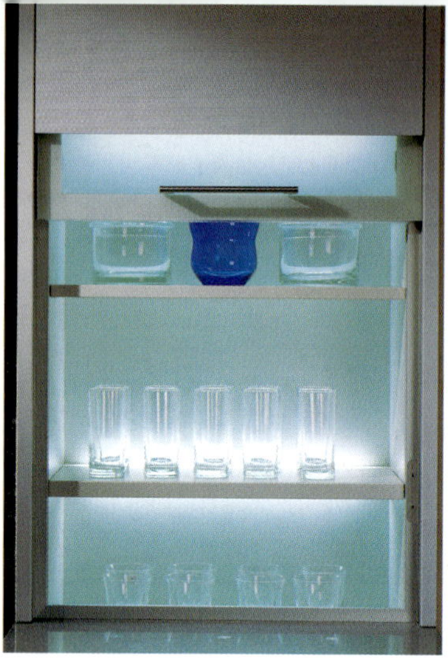

Armarios de Tielsa con estantes de cristal e independientes.

Armadi di Tielsa con mensole di vetro e indipendenti.

Armários de Tielsa, com prateleiras de cristal e independentes.

Módulo con puerta corredera de Alno.

Modulo con porta scorrevole di Alno.

Módulo com porta corrediça, de Alno.

Vitrina con luz interior de Tielsa.

Vetrina con luce interna di Tielsa.

Vitrina com luz interior, de Tielsa.

Armario rinconero con baldas semicirculares de Alno.

Armadio ad angolo con ripiani semicircolari di Alno.

Armário de canto, com prateleiras semicirculares, de Alno.

Armario con especiero en cara interna de Alno.

Armadio con porta spezie sulla superficie interna di Alno.

Armário com sítio para especiarias na parte interna, de Alno.

Módulo extraíble con puerta panelada de Alno.

Modulo estraibile con porta pannellata di Alno.

Módulo extraível, com porta de painel, de Alno.

Módulo superior con puerta semiopaca plegable de Alno.

Modulo superiore con porta semiopaca pieghevole di Alno.

Módulo superior, com porta semi-opaca dobrável, de Alno.

MILFORD TEA

Doble balda en cara interna de módulo bajo de Mobalpa.

Doppio ripiano sulla superficie interna del modulo basso di Mobalpa.

Prateleira dupla na face interna de módulo baixo, de Mobalpa.

Rinconero con baldas giratorias y separadores de Leicht.

Angoliera con ripiani girevoli e separatori di Leicht.

Armário de canto com prateleiras giratórias e separadores, de Leicht.

Vitrina de una sola puerta mod. Tipi de Mobalpa.

Vetrina di una sola porta mod. Tipi di Mobalpa.

Vitrina de uma única porta, mod. Tipi, de Mobalpa.

KUB OR
BALEINE

Encimera de trabajo circular con interior giratorio de Alno.

Piano di lavoro circolare con parte interna girevole di Alno.

Bancada de trabalho circular, com interior giratório, de Alno.

Módulo con doble puerta plegable de Alno.

Modulo con doppia porta pieghevole di Alno.

Módulo com porta dupla dobrável, de Alno.

Detalle de puerta abatible de Alno.

Dettaglio di porta a battente di Alno.

Detalhe de porta abatível, de Alno.

Serie de estantes entre módulos de Alno.

Serie di mensole tra moduli di Alno.

Série de prateleiras, entre módulos de Alno.

CAPACITY 5kg
SIEVERT

Módulo de 4 cajones
archivador de Alno.

*Modulo di 4 cassetti
archiviatore di Alno.*

Módulo de 4 gavetas
arquivador, de Alno.

Módulo de 4 estantes y
cajones de Alno.

*Modulo di 4 mensole e
cassetti di Alno.*

Módulo de 4 prateleiras
e gavetas, de Alno.

Serie de módulos y estantes de Leicht.

Serie di moduli e mensole di Leicht.

Série de módulos e prateleiras, de Leicht.

Armario vitrina con patas metálicas de Leicht.

Armadio vetrina con piedini metallici di Leicht.

Armário vitrina, com pés metélicos, de Leicht.

Serie de módulos cuadrados de Alno.

Serie di moduli quadrati di Alno.

Série de módulos quadrados, de Alno.

Vitrina de dos
puertas de Alno.

*Vetrina a due porte
di Alno.*

Vitrina de duas portas,
de Alno.

Armario despensa con
doble puerta plegable de
Febal.

*Armadio dispensa con
doppia porta pieghevole
di Febal.*

Armário despensa com
porta dobrável dupla, de
Febal.

Detalle de estantería
modular de Alno.

*Dettaglio di dispensa
modulare di Alno.*

Detalhe das prateleiras
modulares de Alno.

Armario con puerta plegable
en blanco de Alno.

*Armadio con porta pieghevole
bianco di Alno.*

Armário com porta dobrável
em branco, de Alno.

En página siguiente
Baldaquín con balda
doble y soporte metálico
de Leicht-Alsa.

*Nella pagina successiva
Baldacchino con doppio
ripiano e supporto meta-
llico di Leicht-Alsa.*

Na página siguiente
Dosel com prateleira
dupla e suporte metálico,
de Leicht-Alsa.

Armario con puertas
plegables y luz sobre
encimera de Alno.

*Armadio con porte
pieghevoli e luce
sul ripiano di Alno.*

Armário com portas
dobráveis e luz sobre
bancada, de Alno.

Módulo rinconero con tabla de trabajo y baldas circulares de Alno.

Modulo angolare con piano di lavoro e ripiani circolari di Alno.

Módulo de canto, com tábua de trabalho e prateleiras circulares, de Alno.

Armario con doble carro extraíble de Mobalpa.

Armadio con doppio carrello estraibile di Mobalpa.

Armário com duplo carro Extraível, de Mobalpa.

Módulo circular para recipientes de Alno.

Modulo circolare per recipienti di Alno.

Módulo circular para recipientes, de Alno.

Conjunto de módulos de diferentes alturas de Alno.

Insieme di moduli di diverse altezze di Alno.

Conjunto de módulos de diferentes alturas, de Alno.

Módulos con puerta plegable de Mobalpa.

Moduli con porta pieghevole di Mobalpa.

Módulos com porta dobrável, de Mobalp.

Módulo para escurridor con puerta abatible de Alno.

Modulo per colatore con porta a battente di Alno.

Módul para escorredor com porta abatível, de Alno.

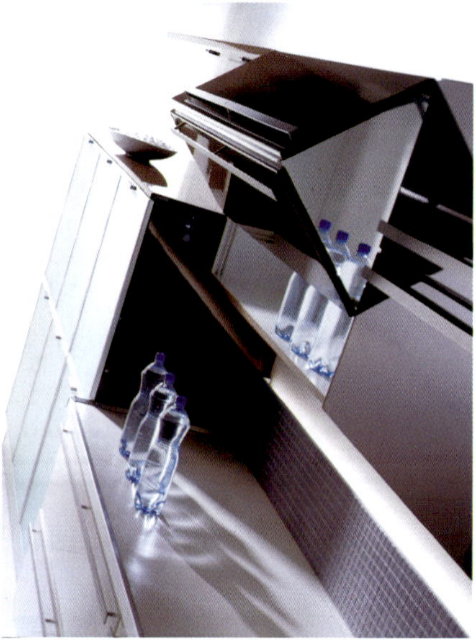

Modelo Sarila de Mobalpa.

Modello Sarila di Mobalpa.

Modelo Sarila, de Mobalpa.

Módulos de vitrina bajos de Mobalpa.

Moduli bassi a vetrina di Mobalpa.

Módulos de vitrina baixos, de Mobalpa.

Estantes metálicos de Mobalpa.

Mensole metalliche di Mobalpa.

Prateleiras metálicas, de Mobalpa.

Módulos superiores con puertas plegables de Mobalpa.

Moduli superiori con porte pieghevoli di Mobalpa.

Módulos superiores, com portas dobráveis, de Mobalpa.

Módulo sobre encimera de Mobalpa.

Modulo su ripiano di Mobalpa.

Módulo sobre bancada, de Mobalpa.

Módulo con baldas de madera laminada de Nolte.

Modulo con ripiani di legno laminato di Nolte.

Módulos com prateleiras de madeira laminada, de Nolte.

Rinconera de trabajo
de Nolte.

*Angoliera di lavoro
di Nolte.*

Móvel de canto de
trabalho, de Nolte.

Módulo con cierre de
persiana de Alno.

*Modulo con chiusura di
persiana di Alno.*

Módulo com fecho de
Persiana, de Alno.

Detalle de vitrina de Mobalpa.

Dettaglio di vetrina di Mobalpa.

Detalhe de vitrina, de Mobalpa.

Módulo de 4 puertas de Mobalpa.

Modulo di 4 porte di Mobalpa.

Módulo de 4 portas, de Mobalpa.

Módulo de 4 estantes de Alno.

Modulo di 4 mensole di Alno.

Módulo de 4 prateleiras, de Alno.

Módulo rinconero extraíble de Alno.

Modulo angolare estraibile di Alno.

Módulo de canto, extraível, de Alno.

Armarios laterales para isla de trabajo de Leicht.

Armadi laterali per isola di lavoro di Leicht.

Armários laterais para ilha de trabalho, de Leicht.

Módulo aparador mod. Sarila de Mobalpa.

Credenza mod. Sarila di Mobalpa.

Módulo aparador, mod. Sarila, de Mobalpa.

Vitrina con puerta corredera de Mobalpa.

Vetrina con porta scorrevole di Mobalpa.

Vitrina com porta corrediça, de Mobalpa.

Módulo vitrina con 4 baldas de Mobalpa.

Modulo vetrina con 4 ripiani di Mobalpa.

Módulo vitrina com 4 prateleiras, de Mobalpa.

cajones

cassettoni

gavetas

El espacio bajo encimera se organiza en cajones con diversas alturas, desde el cajón plano para cuchillos a las gavetas extraprofundas para platos y cacerolas, con oportunos separadores y topes que evitan deslizamientos al abrir. También caben diferentes niveles en su interior en forma de bandejas extraíbles. Los cajones se constituyen en organizadores gracias a los múltiples modelos insertables para cubiertos, especieros y demás útiles propios de la cocina,... incluso pequeños electrodomésticos con toma de corriente en el interior. Por último, los cajones refrigeradores son el no va más de la cocina moderna.

Lo spazio sotto al piano di lavoro viene organizzato in cassettoni a diverse altezze, dal cassettone piatto per i coltelli ai cassetti ultra profondi per piatti e casseruole, con opportuni separatori e fermi che evitano gli spostamenti quando vengono aperti. Inoltre, all'interno vi sono differenti livelli a forma di vassoi estraibili. I cassettoni vengono trasformati in organizzatori grazie ai molteplici modelli insertabili per posate, porta spezie e altri utensili tipici della cucina,... incluso piccoli elettrodomestici con presa di corrente all'interno. Infine, i cassettoni refrigeratori sono il massimo della cucina moderna.

O espaço debaixo da bancada organiza-se em gavetas com diversas alturas, desde a gaveta plana para facas às gavetas extra-fundas para pratos e caçarolas, com oportunos separadores e pinos que evitam deslizes ao abrir. Também cabem diferentes níveis no seu interior, em forma de bandejas extraíveis. As gavetas constituem-se em organizadores graças aos múlitplos modelos insertáveis para talheres, especiarias, e demais utensílios próprios da cozinha..., inclusive pequenos electrodomésticos, com tomadas de corrente no interior. Por último, as gavetas refrigeradoras são o suprasumo da cozinha moderna.

En página anterior
Organizador para cubertería y legumbres de Mobalpa.

*Nella pagina precedente
Separatore per posate e legumi di Mobalpa.*

Na página anterior
Organizador para talheres e legumes, de Mobalpa.

Cajones con separadores de Nolte.

Cassetti con separatori di Nolte.

Gavetas com separadores, de Nolte.

Módulo para reciclado con 3 cubos de Alno.

Modulo per riciclaggio con 3 secchi di Alno.

Módulo para reciclagem com 3 baldes, de Alno.

Módulo con 3 cubos de reciclado de Alno.

Modulo con 3 secchi di riciclaggio di Alno.

Módulo com 3 baldes de reciclagem, de Alno.

Módulo extraíble con cubo y estante de Alno.

Modulo estraibile con cubo e mensola di Alno.

Módulo extraível, com balde e prateleira, de Alno

Cajón para cubiertos y especiero de Alno.

Cassetto per posate e porta spezie di Alno.

Gaveta para talheres e armário de especiarias, de Alno.

Cajón plano para bandejas de Alno.

Cassetto piano per vassoi di Alno.

Gaveta plana, para tabuleiros, de Alno.

Cajón para cubertería de Alno.

Cassetto per posate di Alno.

Gaveta para talheres, de Alno.

Gavetas para recipientes grandes de Alno.

Cassettone per recipienti grandi di Alno.

Gavetas para recipientes grandes, de Alno.

En página siguiente
Cajones tipo archivador de Alno.

Nella pagina successiva
Cassetti tipo archiviatore di Alno.

Na página siguiente
Gavetas tipo arquivador, de Alno.

Cajón nevera extraíble de Tielsa.

Cassetto frigorifero estraibile di Tielsa.

Gaveta frigorifica extraível, de Tielsa.

Recipientes con tapa de Alno.

Recipienti con coperchio di Alno.

Recipientes com tampa, de Alno.

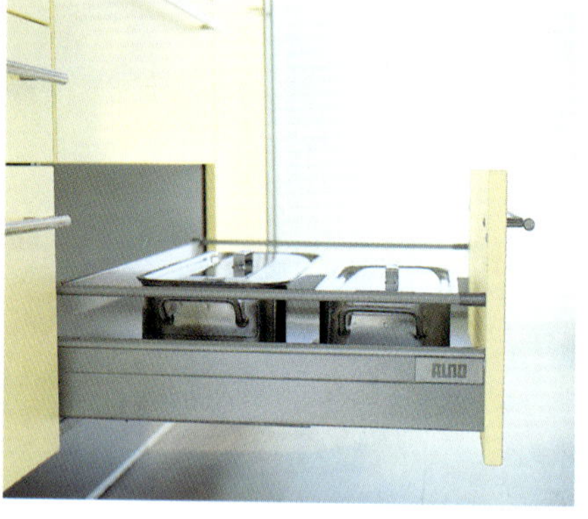

En página siguiente
Cajón intermedio con separadores antideslizantes

*Nella pagina successiva
Cassetto intermedio con separatori antiscivolamento*

Na página siguiente
Gaveta intermédia, com separadores antideslizantes.

Cajón con módulo para
tarros de Leicht.

Cassetto con modulo per barattoli di Leicht

Gaveta com módulo para potes, de Leicht.

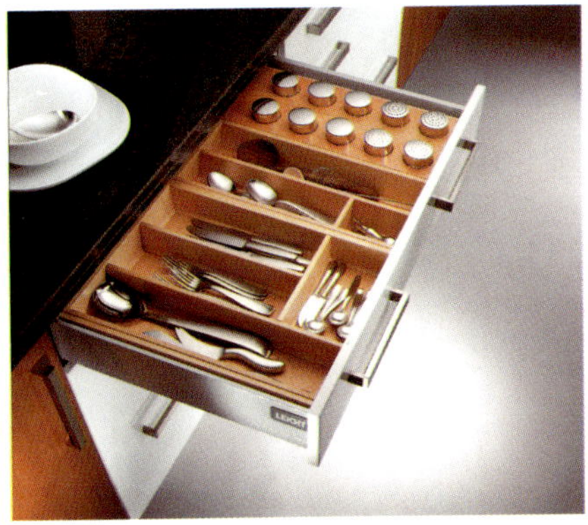

Cajón doble ancho para cubertería y especias.

Cassetto doppia larghezza per posate e spezie.

Gaveta largura dupla, para talheres e especiarias.

Módulo de 3 cajones plastificados de Alno.

Modulo a 3 cassetti plastificati di Alno.

Módulo de 3 gavetas plastificadas, de Alno.

Gavetas para cacerolas de Alno.

Cassetti contenitori per casseruole di Alno.

Gavetas para caçarolas, de Alno.

Gavetas bajo encimera de Mobalpa.

Cassetti contenitori bassi per ripiano di Mobalpa.

Gavetas debaixo de bancada, de Mobalpa.

Gaveta doble ancho con separadores de Poggen.

Cassetto contenitore doppia larghezza con separatori di Poggen.

Gaveta de largura dupla, com separadores, de Poggen.

Cajón para paños de Alno.

Cassetto per panni di Alno.

Gaveta para panos, de Alno.

Gaveta con frente curvado de Leicht.

Cassetto contenitore curvato di Leicht.

Gaveta com frente curvada, de Leicht.

Gavetas con frente panelado de Alno.

Cassetti contenitori con lato pannellato di Alno.

Gavetas com frente de painel, de Alno.

Cajón con pivotes separadores de Leicht.

Cassetto con separatori di Leicht.

Gaveta com pivots separadores, de Leicht.

Cajón con soporte para cortadora de Alno.

Cassetto con supporto per tagliere di Alno.

Gaveta com suporte para cortadora, de Alno.

Gaveta con frente curvado de Leicht.

Cassetto contenitore con lato curvato di Leicht.

Gavete com a frente curvada, de Leicht.

Cajón con módulo para cubiertos de Leicht.

Cassetto con modulo per le posate di Leicht.

Gaveta com módulo para talheres, de Leicht.

Módulo botellero con bandeja extraíble de Leciht.

Modulo per bottiglie con vassoio estraibile di Leciht.

Módulo garrafeira, com tabuleiro extraível, de Leicht.

Módulo con doble balda extraíble de Alno.

Modulo con doppio ripiano estraibile di Alno.

Módulo com prateleira dupla extraível, de Alno.

Módulo de reciclado en isla de trabajo de Leicht.

Modulo di riciclaggio ad isola di lavoro di Leicht.

Módulo de reciclagem em ilha de trabalho, de Leicht.

Módulo polivalente
extraíble de Mobalpa.

*Modulo polivalente
estraibili di Mobalpa.*

Módulo polivalente
extraível, de Mobalpa.

Módulo con dos baldas y dos bandejas de Mobalpa.

Modulo con due ripiani e due vassoi di Mobalpa.

Módulo com duas prateleiras e dois tabuleiros, de Mobalpa.

Detalle de módulo de
Leicht.

*Dettaglio di modulo di
Leicht.*

Detalhe de módulo de
Leicht.

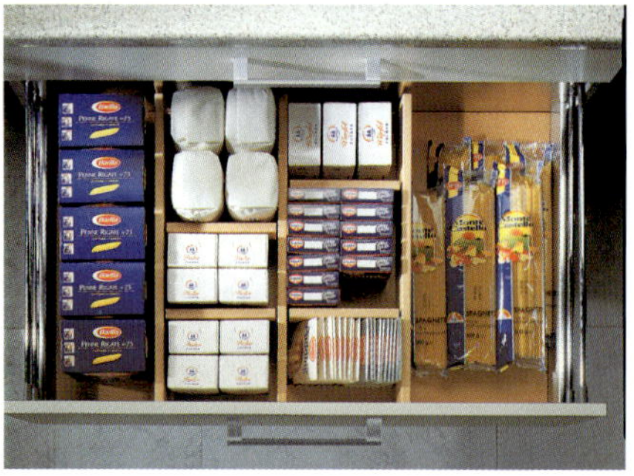

Módulo organizador
de Tielsa.

Modulo organizzatore
di Tielsa.

Módulo organizador,
de Tielsa.

Módulo organizador
con bandeja corredera de
Tielsa.

Modulo organizzatore
con vassoio scorrevole di
Tielsa.

Módulo organizador
com tabuleiro corrediço,
de Tielsa.

Módulo para cubiertos y cuchillos de Leicht.

Modulo per posate e coltelli di Leicht.

Módulo para talheres e facas, de Leicht.

Diversos sistemas de organizadores de Alno.

Diversi sistemi di organizzatori di Alno.

Diversos sistemas de organizadores de Alno.

Módulo bajo fregadero con cubo de reciclado de Flipper.

Modulo basso lavandino con cubo di riciclaggio di Flipper.

Módulo baixo, lava-loiças, com balde de reciclagem, de Flipper.

Pequeño módulo para especias de Alno.

Piccolo modulo per spezie di Alno.

Pequeno módulo para especiarias, de Alno.

Módulo cubertero
de Nolte.

*Modulo per posate
di Nolte.*

Módulo para talheres,
de Nolte.

Módulo para utensilios y
cuchillo de Nolte.

*Modulo per utensili e
coltelli di Nolte.*

Módulo para utensílios e
faca, de Nolte.

Módulo separador
regulable de Nolte.

*Modulo separatore
regolabile di Nolte.*

Módulo separador
regulável, de Nolte.

Cajón doble ancho con separadores de Poggen.

Cassetto doppia larghezza con separatori di Poggen.

Gaveta dupla largura, com separadores, de Poggen.

Cocina Mobalpa mod. Sarila.

Cucina Mobalpa mod. Sarila.

Cozinha Mobalpa, mod. Sarila.

Módulos organizadores de Mobalpa

Moduli organizzatori di Mobalpa.

Módulos organizadores de Mobalpa.

Módulos organizadores de Poggen.

Moduli organizzatori di Poggen.

Módulos oragnizadores de Poggen.

ZANKER
ZANKER
AZUR
corn flakes

despensa

dispensa

despensa

Los alimentos de larga conservación se guardan en alacenas empotradas con doble puerta, algunas veces con rejillas en la cara interna a fin de aprovechar al máximo el espacio disponible y no perder los productos menos utilizados. Los módulos extraíbles estilo farmacia se organizan en diversas alturas mediante rejillas de aluminio para ser también botelleros, aprovechando espacios estrechos que de otra manera quedarían infrautilizados.

Gli alimenti a lunga conservazione vanno custoditi in dispense a muro a doppia porta, a volte con retine nella parte interna al fine di usufruire al massimo di tutto lo spazio disponibile e non sprecare i prodotti meno utilizzati. I moduli estraibili tipo quelli che si utilizzano nelle farmacie vengono organizzati su diverse altezze mediante griglie in alluminio per farne dei porta bottiglie, approfittando spazi stretti che altrimenti rimarrebbero inutilizzati.

Os alimentos de longa conservação guardam-se em despensas embutidas com porta dupla, algumas vezes com grades na face interna, para aproveitar ao máximo o espaço disponível e não perder os produtos menos utilizados. Os módulos extraíveis estilo farmácia organizam-se em diversas alturas, mediante grades de alumínio, para poderem ser também garrafeiras, aproveitando espaços estreitos que de outra maneira ficariam subaproveitados.

En página anterior
Módulo despensa
extraíble de Alno.

Nella pagina precedente
Modulo dispensa
estraibile di Alno.

Na página anterior
Módulo despensa
extraível, de Alno.

Organizador para tarros y auxiliares de Alno.

Organizzatore per barattoli e ausiliari di Alno.

Organizador para potes e auxiliares, de Alno.

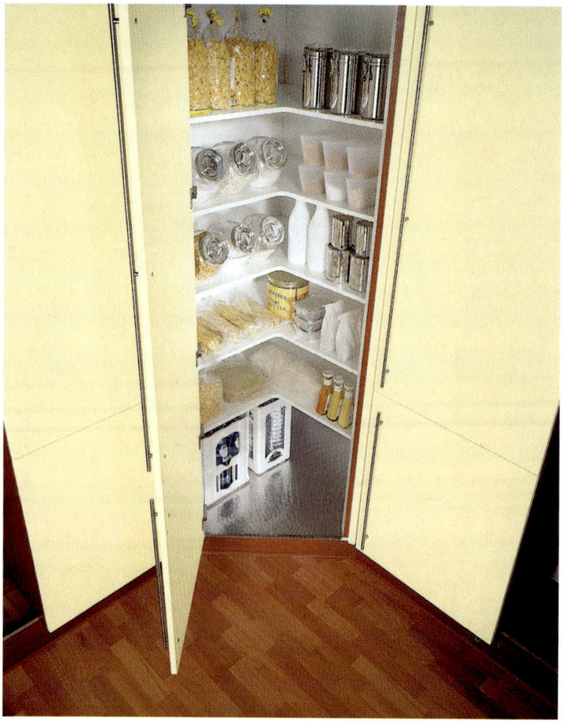

Módulo despensa con estantes de rejilla de Alno.

Modulo dispensa con mensole a grata di Alno.

Módulo despensa com prateleiras de rede, de Alno.

Módulo despensa rinconero de Alno.

Modulo dispensa angolare di Alno.

Módulo despensa de canto, de Alno.

Módulo polivalente de 4 baldas de Alno.

Modulo polivalente di 4 ripiani di Alno.

Módulo polivalente, de 4 prateleiras, de Alno.

Módulo despensa doble fondo de Alno.

Modulo dispensa doppio fondo di Alno.

Módulo despensa fundo duplo, de Alno.

Módulo con doble gaveta y tabla de corte de Alno.

Modulo con doppio cassettone e tagliere di Alno.

Módulo com gaveta dupla e tábua de corte, de Alno.

Módulo extraíble con puerta panelada de Alno.

Modulo estraibile con porta pannellata di Alno.

Módulo extraível, com porta de painel, de Alno.

Cajones de mimbre para productos frescos de Leicht.

Cassetti di vimini per prodotti freschi di Leicht.

Gavetas de vime para productos frescos, de Leicht.

Cajones de mimbre con tiradores de Alno.

Cassetti di vimini con maniglie di Alno.

Gavetas de vime com puxadores, de Alno.

Cajones de mimbre con tiradores de Alno.

Cassetti di vimini con maniglie di Alno.

Gavetas de vime com puxadores, de Alno.

Módulo con cestas y bandejas de Alno.

Modulo con cesti e vassoi di Alno.

Módulo com cestos e tabuleiros, de Alno.

Módulos para envasados y verduras de Alno.

Moduli per prodotti in scatola e verdure di Alno.

Módulos para envasados e verduras, de Alno.

Despensa con estantes encarados de Alno

Dispensa con mensole frontali di Alno.

Despensa com prateleiras encaradas, de Alno.

Módulo para reciclado de Tielsa.

Modulo per il riciclaggio di Tielsa.

Módulo para reciclagem, de Tielsa.

Módulo triple balda de Leicht.

Modulo a tre ripiani di Leicht.

Módulo prateleira tripla, de Leicht.

Módulo despensa rinconero y con estantes encarados de Mobalpa.

Modulo dispensa angolare e con mensole frontali di Mobalpa.

Módulo despensa de canto, com prateleiras encaradas, de Mobalpa.

Módulo triple cajón extraíble de Alno.

Modulo a tre cassetto estraibile di Alno.

Módulo gaveta extraível tripla, de Alno.

Módulo con doble fondo de Poggen.

Modulo con doppio fondo di Poggen.

Módulo com fundo duplo, de Poggen.

Iluminación / *Illuminazione*
Iluminaçao

Una buena iluminación debe considerar el espacio completo y las zonas de trabajo sobre las encimeras. Tanto para la luz ambiental como para la puntual se puede elegir entre luces empotradas (focos) y exentas(lámparas). El neón o el fluorescente son de bajo consumo y gran duración mientras que las halógenas son buenas para las zonas de trabajo y como luz de apoyo en la campana extractora. Últimamente, se han introducido las lámparas de diseño industrial como luz ambiente. Recuérdese que la suma de luz puntual y ambiental forma claroscuros que pueden crear efectos desagradables en una zona diseñada para ser aséptica.

Una buona illuminazione deve sempre prendere in considerazione lo spazio completo e le zone di lavoro sui piani. Sia per la luce ambientale che per quelle specifiche è possibile scegliere tra luci a muro (faretti) e a luce diffusa (lampade). Il neon o il fluorescente sono di basso consumo e di gran durata mentre invece quelle alogene sono ottimali per illuminare le zone di lavoro e come luci di appoggio sulla cappa. Negli ultimi tempi si stanno utilizzando molto le lampade di design industriale come luci ambiente. Non va dimenticato che la somma della luce specifica e ambientale forma chiaroscuri che possono creare effetti sgradevoli in una zona pensata per essere asettica.

Uma boa iluminação deve considerar o espaço completo, e as zonas de trabalho sobre as bancadas. Tanto para a luz ambiental como para a pontual, pode-se escolher entre luzes encastradas (focos) e exentas (candeeiros). O néon ou as fluorescentes são de baixo consumo e grande duração, ao passo que as halogénicas são boas para as zonas de trabalho e como luz de apoio no exaustor. Nos últimos tempos, têm-se introduzindo os candeeiros de design industrial como luz ambiente. Recordemos que a soma da luz pontual e da ambiental forma claro-escuros que podem criar efeitos desagradáveis numa zona pensada para ser asséptica.

En página anterior
Foco halógeno de Alno.

Nella pagina precedente
Faretto alogeno di Alno.

Na página anterior
Foco halogénico, de Alno.

Lámparas bajo armario con tomas de luz de Alno.

Lampada armadio basso con prese di luce di Alno.

Candeeiros debaixo de armário com tomas de luz, de Alno.

Lámpara bajo armario
de Alno.

*Lampada armadio basso
di Alno.*

Candeeiro debaixo de
armário, de Alno.

Lámpara de neón
de Alno.

Lampada di neon di Alno.

Candeeiro de néon, de
Alno.

Foco halógeno con toma
de corriente de Alno.

*Faretto alogeno con
presa di corrente di Alno.*

Foco halogénico com
toma de corrente, de
Alno.

Serie de 2 lámparas
halógenas de Alno.

Serie di 2 lampade
alogene di Alno.

Série de dois candeeiros
halogénicos, de Alno.

Serie de 3 lámparas
halógenas de Alno.

Serie di 3 lampade
alogene di Alno.

Série de três candeeiros
halogénicos, de Alno.

Vitrinas con iluminación interior de Casawell.

Vetrine con illuminazione interna di Casawell.

Vitrinas com iluminação interior de Casawell.

Tubo de neón bajo armario de Martinica.

Tubo di neon armadio basso di Martinica.

Tubo de néon debaixo de armário, de Martinica.

Vitrinas con iluminación interior de Tielsa.

Vetrine con illuminazione interna di Tielsa.

Vitrinas com iluminação interior de Tielsa.

Vitrina con iluminación interior de Casawell.

Vetrina con illuminazione interna di Casawell.

Vitrina com iluminação interior de Casawell.

Extractor con halógenos de Giamaica.

Cappa con luci alogene di Giamaica.

Exaustor com halogénicos, de Giamaica.

Detalle de focos halógenos para extractor decorativo de Giamaica.

Dettaglio di faretti alogeni per cappa decorativa di Giamaica.

Detalhe dos focos halogénicos para exaustor decorativo, de Giamaica.

Halógenos empotrados bajo armario de Giamaica.

Luci alogene a muro armadio basso di Giamaica.

Halogénicos encastrados debaixo de armário, de Giamaica.

Tubo de neón bajo armario de Martinica.

Tubo di neon armadio basso di Martinica.

Tubo de néon debaixo de armário, de Martinica.

Armario con luz interior de Martinica.

Armadio con luce interna di Martinica.

Armário com luz interior de Martinica.

Tubos sobre encimera de Martinica.

Tubi per sopra piano di cottura di Martinica.

Tubos sobre bancada, de Martinica.

Extractor con 2 focos halógenos de Martinica.

Cappa con 2 luci alogene di Martinica.

Exaustor com dois focos halogénicos, de Martinica.

Vitrinas con iluminación interior de Mobalpa.

Vetrine con illuminazione interna di Mobalpa.

Vitrinas com iluminação interior de Mobalpa

Lámparas halógenas de Mobalpa.

Lampade alogene di Mobalpa.

Candeeiros halogénicos de Mobalpa.

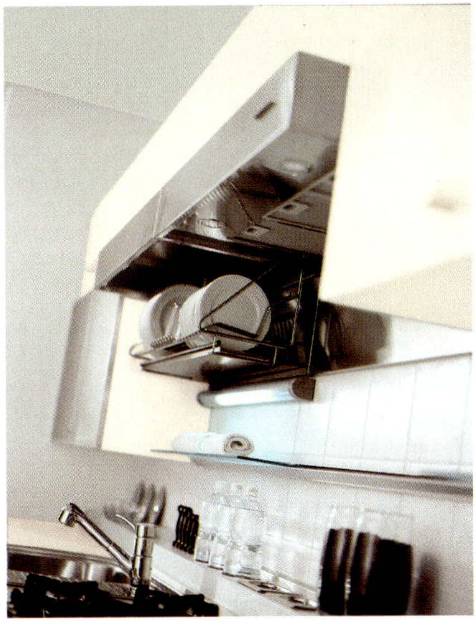

Tubo de neón bajo armario de Martinica.

Tubo di neon armadio basso di Martinica.

Tubo de néon debaixo de armário, de Martinica

Campana decorativa
mod. Lemon de Febal.

*Cappa decorativa
mod. Lemon di Febal.*

Exaustor decorativo
mod.Lemon de Febal.

Campana decorativa
mod. Lido de Nolte.

*Cappa decorativa
mod. Lido di Nolte.*

Exaustor decorativo
mod. Lido de Nolte.

Campana decorativa
de Mobalpa.

*Cappa decorativa
di Mobalpa.*

Exaustor decorativo
de Mobalpa.

Campana decorativa
mod. Milano de Nolte.

*Cappa decorativa
mod. Milano di Nolte.*

Exaustor decorativo
mod. Milano de Nolte.

Focos sobre encimera
mod. Dallas de Nolte.

Faretti per sopra piano mod. Dallas di Nolte.

Focos sobre bancada mod. Dallas de Nolte.

Halógenos bajo armario mod. Life de Nolte.

Luci alogene basso armadio mod. Life di Nolte.

Halogénicos debaixo de armário mod. Life de Nolte.

Halógenos bajo armario mod. Natura de Nobilia.

Luci alogene armadio basso mod. Natura di Nobilia.

Halogénicos debaixo de armário mod. Natura de Nobilia.

Halógenos mod. Lineade Nolte.

Luci alogene mod. Linea de Nolte.

Halogéniocs mod. Linea de Nolte.

Focos bajo armario mod. Ravenna de Nolte.

Faretti armadio basso mod. Ravenna di Nolte.

Focos debaixo de armário mod. Ravenna de Nolte.

Vitrina con iluminación interior mod. Brat de Sarila.

Vetrina con illuminazione interna mod. Brat di Sarila.

Vitrina com iluminação interior mod. Brat de Sarila.

Halógenos mod. Lago de Nolte.

Luci alogene mod. Lago di Nolte.

Halogénicos mod. Lago de Nolte.

Focos bajo armario mod. Orion de Nobilia.

Faretti armadio basso mod. Orion di Nobilia.

Focos debaixo de armário mod. Orion de Nobilia.

Halógenos sobre armarios
mod. Pia de Nobilia.

Luci alogene su armadi
mod. Pia di Nobilia.

Halogénicos sobre armários
mod. Pia de Nobilia.

Mod. Playa de Febal

Mod. Playa di Febal.

Mod. Playa de de Febal.

Módulos con luz interior de Mobalpa.

Moduli con luce interna di Mobalpa.

Módulos com luz interior de Mobalpa.

Lámparas mod. Orade Mobalpa.

Lampade mod. Ora di Mobalpa.

Candeeiros mod. Ora de Mobalpa.

Serie de halógenos
mod. Tivolide Nobilia.

*Serie di alogene mod.
Tivoli di Nobilia.*

Série de halogénicos
mod. Tivoli de Nobilia.

Mod. Pia de Nobilia.

Mod. Pia di Nobilia.

Mod. Pia de Nobilia.

Original modelo de Nolte.

Originale modello di Nolte.

Original modelo de Nolte.

Luz cenital mod. Orion de Nobilia.

Luce mod. Orion di Nobilia.

Luz zenital mod. Orion de Nobilia.

Áreas de la cocina / *Aree della cucina*
Áreas da cozinha

La cocina se divide en tres zonas principales: preparación, cocción y lavado, mientras que el almacenamiento se reparte por todos los frentes, tanto en los armarios superiores como inferiores y anexos. Actualmente, se tiende a incluir en la cocina un área para comer, cuyo tamaño varía en función de las necesidades de cada familia, a veces juntando dos estancias en una. Los principios de la ergonomía aconsejan distribuir las distintas áreas de modo que siga la secuencia natural de trabajo para ahorrar movimientos superfluos que pueden derivar en fatiga.

La cucina si suddivide in tre zone principali: preparazione, cottura e lavaggio, mentre invece l'immagazzinaggio viene suddiviso su tutti i fronti, sia negli armadi superiori che inferiori e annessi. Attualmente, si tende a inserire nella cucina un'area riservata al pranzo, la cui dimensione varia a seconda delle necessità di ogni famiglia, a volte si uniscono due zone in una. I principi dell'ergonomia suggeriscono di distribuire le diverse aree in modo tale da seguire la sequenza naturale di lavoro per risparmiare movimenti superflui che possono affaticare.

A cozinha divide-se em três zonas principais: preparação, cocção e lavagem, ao passo que o armazenamento se reparte por todas as frentes, tanto nos armários superiores como nos inferiores e anexos. Actulamente, tende-se a incluir na cozinha uma área para comer, cujo tamanho varia conforme as necessidades de cada família, às vezes juntando dois espaços em um. Os princípios da ergonomia aconselham distribuir as diferentes áreas de modo a que sigam a sequência natural de trabalho, para poupar movimentos supérfluos, que podem degenerar em cansaço.

Cocina Miele con mesa de cristal y aluminio.

Cucina Miele con tavolo di cristallo e alluminio.

Cozinha Miele com mesa de cristal e alumínio.

Preparación

Las cocinas actuales se componen de armarios modulares que siguen la longitud de la pared, siendo la encimera la zona habilitada para preparación, normalmente situada junto en los espacios liberados por la zona de cocción y lavado. El sobre de trabajo tiene que ser de un material fácil de limpiar, con predominio de los naturales: madera, mármol, granito y la firme competencia de los sintéticos que triunfan por su versatilidad, así como el acero, adoptado de las cocinas profesionales.

Preparazione

Le cucine attuali sono composte da armadi modulari che occupano tutta la lunghezza della parete e il ripiano diventa la zona abilitata per la preparazione, normalmente situata nei pressi degli spazi liberati dalla zona di cottura e lavaggio. Il piano di lavoro deve essere di un materiale facile da pulire, con predominio dei materiali naturali: legno, marmo, granito e la forte competenza dei sintetici che trionfano per la loro versatilità, così come l'acciaio utilizzato per le cucine professionali.

Preparaçao

As cozinhas actuais compõem-se de armários modulares que seguem a longitude da parede, sendo a bancada a zona habilitada para a preparação, normalmente situada junto dos espaços utilizados pela zona de cocção e lavagem. A superfície de trabalho tem que ser de um material fácil de limpar, com predomínio dos naturais: madeira, mármore, granito e a firme competência dos sintéticos, que triunfam pela sua versatilidade, assim como o aço, adoptado das cozinhas profissionais.

En página anterior
Vitrina entre módulos con 3 tomas de corriente de Miele.

Nella pagina precedente
Vetrina tra moduli con 3 prese di corrente di Miele.

Na página anterior
Vitrina entre módulos com 3 tomadas de Miele.

Vitrina con puerta corredera y armarios superiores abatibles de Miele.

Vetrina con porta scorrevole e armadi superiori reclinabili di Miele.

Vitrina com porta corrediça e armários superiores abatíveis de Miele

Encimera de trabajo saliente con perfil curvo y sobre sintético de Leicht.

Piano di lavoro sporgente con profilo curvato e piano sintetico di Leicht.

Bancada de trabalho saliente com perfil curvo e sobre sintético de Leicht.

Módulo con cierre de persiana con orificio para cuchillos de Poggen.

Modulo con chiusura di persiana con foro per coltelli di Poggen.

Módulo com fecho de persiana com orifício para facas de Poggen.

Conjunto de módulos bicolor de Leicht.

Serie di moduli bicolore di Leicht.

Conjunto de módulos bicolor de Leicht.

Zona de preparación del
mod. Le Foglie de Florida.

*Zona di preparazione del
mod. Le Foglie di Florida.*

Zona de preparação do
mod. Le Foglie de Florida.

Módulo circular con
encimera de madera mod.
Milano 781 de Nolte.

*Modulo circolare con ripiano
di legno mod.
Milano 781 di Nolte.*

Módulo circular com bancada
de madeira Mod.
Milano 781 de Nolte.

Fregadero blanco con tabla de cortar corredera de Nolte.

Lavandino bianco con tagliere scorrevole di Nolte.

Lava-Loiças branco com tábua de cortar corrediça de Nolte.

Frente de cocina mod. Venus de Florida.

Lato cucina mod. Venus di Florida.

Frente de cozinha mod. Venus de Florida.

Detalle de un módulo de preparación de Casawell.

Dettaglio di un modulo di preparazione di Casawell.

Detalhe de um módulo de preparação de Casawell.

Frente de cocina bicolor de Alno.

Lato di cucina bicolore di Alno.

Frente de cozinha bicolor de Alno.

Cocina con módulo rinconero de Alno.

Cucina con modulo angolare di Alno.

Cozinha com módulo de canto de Alno.

Detalle del mod. Contea de Febal.

Dettaglio del mod. Contea di Febal.

Detalhe do mod. Contea de Febal.

Península de trabajo
bicolor de Alno.

*Penisola di lavoro
bicolore di Alno.*

Península de trabalho
bicolor de Alno.

Isla de preparación con
serie de cajones de Alno.

*Isola di preparazione con
serie di cassetti di Alno.*

Ilha de preparação com
série de gavetas de Alno.

Isla de trabajo central de Alno.

Isola di lavoro centrale di Alno.

Ilha de trabalho central de Alno.

Frente de cocción con mesa plegable de Alno.

Lato cottura con tavolo pieghevole di Alno.

Frente de cocção com mesa dobrável de Alno.

Cocina laminada en blanco de Alno.

Cucina laminata in bianco di Alno.

Cozinha laminada em branco de Alno.

Mesa extensible
mod. Trendy de Florida.

Tavolo allungabile
mod. Trendy di Florida.

Mesa extensível
mod. Trendy de Florida.

Cocina en U de Alno.

Cucina a U di Alno.

Cozinha em U de Alno.

Módulo de trabajo central
mod. Cortina de Nobilia.

Modulo di lavoro centrale
mod. Cortina di Nobilia.

Módulo de trabalho central
mod. Cortina de Nobilia.

Módulo con ruedas
mod. Cosmo de Nobilia.

Modulo con rotelle
mod. Cosmo di Nobilia.

Módulo com rodas
mod. Cosmo de Nobilia.

Isla de trabajo con mesa de comer adosada mod. Ravenna 853 de Nolte.

Isola di lavoro con tavolo di fianco mod. Ravenna 853 di Nolte.

Ilha de trabalho com mesa de comer pegada mod. Ravenna 853 de Nolte.

Isla de cocción con barra comedor mod. Flair de Nolte.

Isola di cottura con banco mensola mod. Flair di Nolte.

Ilha de cocção com balcão comedor mod. Flair de Nolte.

Gran isla de lavado y preparación
con barra elevada para desayunos
mod. Milano 781 de Nolte.

*Gran Isola di lavaggio e preparazione
con sbarra elevata per colazioni
mod. Milano 781 di Nolte.*

Grande ilha de lavagem e
preparação com balcão elevado
para pequenos-almoços,
mod. Milano 781 de Nolte.

Lavado

La zona de lavado acostumbra a situarse debajo de una ventana para hacer la tarea menos enojosa, aunque las tendencias actuales se saltan estas normas para presentar islas o penínsulas de lavado que captan toda la atención visual en esa tarea. Los fregaderos se fabrican en acero inoxidable y porcelana con un auge cada vez mayor de los materiales sintéticos que imitan perfectamente los tradicionales en los modelos rústicos y clásicos. Los modelos más sofisticados cuentan con bandejas para enjuagar o escurrideros inclinados con desagüe y estrías para encajar la tabla de cortar.

Lavaggio

La zona di lavaggio di norma si trova sotto ad una finestra per fare di questo compito un lavoro meno noioso, sebbene le tendenze attuali saltano queste norme per presentare isole o penisole di lavaggio che catturano tutta l'attenzione visiva su questo compito. I lavandini vengono fabbricati in acciaio inossidabile e porcellana con prevalenza, sempre maggiore, dei materiali sintetici che imitano perfettamente i materiali tradizionali nei modelli rustici e classici. I modelli più sofisticati hanno vassoi per l'inserimento di colatori inclinati con scolo e striature per incastrarvi il tagliere.

Lavagem

A zona de lavagem costuma situar-se debaixo de uma janela, para tornar a tarefa menos aborrecida, ainda que as tendências actuais saltem estas normas para apresentar ilhas ou penínsulas de lavagem, que captam toda a atenção visual nessa tarefa. Os lava-loiças fabricam-se em aço inoxidável e porcelana, com um uso cada vez mais notável dos materiais sintéticos, que imitam perfeitamente os tradicionais nos modelos rústicos e clássicos. Os modelos mais sofisticados contam com tabuleiros para enxaguar ou escorridores inclinados com desague e estrias para encaixar a tábua de cortar.

En página anterior
Isla de lavado con dos senos
mod. Lof de Mobalpa-Sarila.

Nella pagina precedente
Isola di lavaggio con due cestelli
mod. Lof di Mobalpa-Sarila.

Na página anterior
Ilha de lavagem com dois seios
Mod. Lof, de Mopalba-Sarila.

Fregadero en acero inox. de un seno con escurridor y tabla de cortar de Casawell.

Lavandino in acciaio inox ad un cestello con colatore e tagliere di Casawell.

Lava-loiças em aço inox de um seio com escorredor e tábua de cortar de Casawell.

Fregadero en acero inox.
y repisa posterior con
orificios de Martinica.

*Lavandino in acciaio inox
e spazio posteriore con
fori di Martinica.*

Lava-loiças em aço inox
e sapata posterior com
orifícios de Martinica.

Fregadero de acero inox. con dos
senos y grifo manguera de Alno.

*Lavandino in acciaio inox con due
cestelli e rubinetto di Alno.*

Lava-loiças em aço inx com dois
seios e torneira mangueira de Alno.

Fregadero de un seno con
bandeja para lavado y
escurridor con desagüe de Alno.

*Lavandino ad un cestello con
vassoio per lavaggio e colatore con
scolo di Alno.*

Lava-loiças de um seio com
bandeja para lavagem e
escorredor com desague de Alno.

Fregadero de acero inox. mod. Mixer 2000 de Florida.

Lavandino di acciaio inox mod. Mixer 2000 di Florida.

Lava-loiças de aço inox Mod. Mixer 2000 de Florida.

Península con fregadero de dos senos mod. Everg de Febal.

Penisola con lavandino a due cestelli mod. Everg di Febal.

Península com lava-loiça de dois seios Mod. Everg de Febal.

Fregadero de acero inox. de dos senos bajo encimera sintética de Elledue/House.

Lavandino di acciaio inox a due cestelli ripiano basso sintetico di Elledue/House.

Lava-loiças de aço inox de dois seios por baixo de bancada sintética de Elledue/House.

ARISTON

Fregadero curvo con escurridor trasero de Leicht.

Lavandino curvato con colatore posteriore di Leicht.

Lava-loiças curvo com escorredor traseiro de Leicht.

Fregadero de dos senos en material sintético mod. Sintesi de Florida.

Lavandino con due cestelli con materiale sintetico mod. Sintesi di Florida.

lava-loiças de dois seios em material sintético Mod. Sintesi deFlorida.

Península de lavado con tabla de cortar corredera de Leicht.

Penisola di lavaggio con tagliere estraibile di Leicht.

Península de lavagem com tábua de cortar corredora de Leicht.

ORVIETO

Fregadero rústico Alsa de Leicht.

Lavandino rustico Alsa di Leicht.

Lava-loiças rústico Alsa de Leicht.

En página anterior Fregadero de acero inox. con bandeja de escurrir y tabla de cortar encajable mod. Old Style de Florida.

Nella pagina precedente Lavandino di acciaio inox con vassoio e tagliere incastrabile mod. Old Style di Florida.

Na página anterior Lava-loiças em aço inox com bandeja de escorrer e tábua de cortar en caixável mod. Old Style de Florida.

Península con fregadero incrustado mod. Flora de Febal.

Penisola con lavandino incrostato mod. Flora di Febal.

Península com lava-loiças incrustado mod. Flora de Febal.

Fregadero de dos senos para rincón de Mobalpa.

Lavandino con due cestelli ad angolo di Mobalpa.

Lava-loiças de dois seios para canto de Mobalpa.

Fregadero redondo de acero inox. de Nolte.

Lavandino rotondo di acciaio inox di Nolte.

Lava-loiças redondo de aço inox de Nolte.

Fregadero en acero inox. con escurridor de Mobalpa.

Lavandino in acciaio inox con colatore di Mobalpa.

Lava-loiças em aço inox com escorredor de Mobalpa.

Fregadero ala de mariposa
en acero inox. de Nolte.

*Lavandino ala di farfalla in
acciaio inox di Nolte.*

Lava-loiças asa de mariposa
em aço inox de Nolte.

Fregadero
mod. Ergonomie
de Nolte.

Lavandino
mod. Ergonomie
di Nolte.

Lava-loiças
mod. Ergonomie
de Nolte.

Fregadero de dos senos incrustado en isla de trabajo mod. Lof de Mobalpa-Sarila.

Lavandino di due cestelli incassati nell'isola di lavoro mod. Lof di Mobalpa-Sarila.

Lava-loiças de dois seios incrustado em ilha de trabalho mod. Lof de Mobalpa-Sarila.

Fregadero mod. Brat de Mobalpa.

Lavandino mod. Brat di Mobalpa.

Lava-loiças mod.Brat de Mobalpa.

Fregadero de un seno en acero inox. de Casawell.

Lavandino con un cestello in acciaio inox di Casawell.

Lava-loiças de um seio, em aço inox, de Casawell.

Fregadero en mat. Sintético
mod. Ora de Mobalpa.

Lavandino in mat. sintetico
mod. Ora di Mobalpa.

Lava-loiças em material sintético
mod. Ora, de Mobalpa.

Fregadero con triturador
mod. Tos de Mobalpa.

Lavandino con trituratore
mod. Tos di Mobalpa.

Lava-loiças com triturador
mod. Tos de Mobalpa.

Fregadero extralargo
de Alno

*Lavandino ultra
lungo di Alno*

Lava-loiças extra-longo
de Alno.

Fregadero blanco estilo
rústico de Mobalpa.

*Lavandino bianco stile
rustico di Mobalpa.*

Lava-loiças branco estilo
rústico de Mobalpa.

Scholtès

Cocción

Los últimos modelos se decantan por la omnipresencia de las placas de cocción vitrocerámicas o de inducción con formas irregulares pensando en las diferentes necesidades de sus eventuales usuarios. Los hornos se presentan en frente continuo con la placa de cocción o empotrados en una columna a media altura, junto al ya imprescindible microondas. La campana extractora se convierte en un elemento decorativo que realza su función esencial dentro de la cocina más actual.

Cottura

Gli ultimi modelli preferiscono l'onnipresenza dei piani di cottura in vetroceramica o ad induzione con forme irregolari pensando alle diverse necessità dei suoi eventuali utenti. I forni si presentano a modulo continuo con i piani di cottura o a muro in una colonna a mezza altezza, insieme al già imprescindibile forno a microonde. La cappa si converte in un elemento decorativo che rialza la sua funzione essenziale all'interno della cucina più comune.

Cocçao

Os últimos modelos decantam-se pela omnipresença das placas de cocção vitrocerâmicas ou de indução, com formas irregulares, pensando nas diferentes necessidades dos seus eventuais usuários. Os fornos apresentam-se numa frente contínua com a placa de cocção, ou encastrados numa coluna a média altura, junto ao já imprescindível microondas. O exaustor converte-se num elemento decorativo, que realça a sua função essencial dentro da cozinha mais actual.

En página anterior
Módulo de cocción profesional
mod. Lof de Mobalpa.

Nella pagina precedente
Modulo di cottura professionale
mod. Lof di Mobalpa.

Na página anterior
Módulo de cocção profissional
mod. Lof, de Mobalpa.

Placa de cocción con extractor de Miele.

Piano di cottura con cappa di Miele.

Placa de cocção com exaustor, de Miele.

Placa vitrocerámica de Leicht.

Piano vetroceramica di Leicht.

Placa vitrocerâmica de Leicht.

Frente de cocción con extractor de Leicht.

Piano di cottura con cappa di Leicht.

Frente de cocção com exaustor, de Leicht.

Placa de cocción de 4 fuegos de Leicht.

Piano di cottura a 4 fornelli di Leicht.

Placa de cocção de quatro cabeças de Leicht.

Módulo de cocción con frente de madera de Leicht.

Modulo di cottura con lato di legno di Leicht.

Módulo de cocção com frente de madeira, de Leicht.

Placa para un fuego de Siemens.

Piano a un fornello di Siemens.

Placa para uma cabeça, de Siemens.

Placa de cocción con horno de Whirlpool.

Piano di cottura con forno di Whirlpool.

Placa de cocção com forno, de Whirlpool.

Placa de cocción para 3 fuegos de Mobalpa.

Piano di cottura a 3 fornelli di Mobalpa.

Placa de cocção para três cabeças, de Mobalpa.

Quemadores de gas y horno de Mobalpa.

Fornelli a gas e forno di Mobalpa.

Cabeças a gás e forno, de Mobalpa.

Placa de cocción extralarga de Alsa.

Piano di cottura ultra lungo di Alsa.

Placa de cocção extra-longa, de Alsa.

Placa de cocción para gas de Mobalpa.

Piano di cottura per gas di Mobalpa.

Placa de cocção para gás de Mobalpa.

Módulo de cocción con extractor de Siematic.

Modulo di cottura con estrattore di Siematic.

Módulo de cocção com exaustor, de Siematic.

Módulo con placa de cocción y horno de Macro Element.

Modulo con piano di cottura e forno di Macro Element.

Módulo com placa de cocção e forno, de Macro Element.

En página siguiente módulo con placa de cocción, horno y extractor

Nella pagina successiva modulo con piano di cottura, forno ed estrattore

Na página siguiente módulo com placa de cocção, forno e exaustor

Placa vitrocerámica y extractor de Mobalpa.

Piano vetroceramica ed estrattore di Mobalpa.

Placa vitrocerâmica e exaustor de Mobalpa.

Placa con 5 quemadores de gas mod. Mixer 2000 de Florida.

Piano con 5 fornelli a gas mod. Mixer 2000 di Florida.

Placa com cinco cabeças a gás, Mod. Mixer 2000 de Florida.

Placa vitrocerámica y extractor plano de Mobalpa.

Piano vetroceramica ed estrattore piatto di Mobalpa.

Placa vitrocerâmica e exaustor plano, de Mobalpa.

Frente de cocción con horno y extractor de Siemens.

Piano di cottura con forno e cappa di Siemens.

Frente de cocção com forno e exaustor, de Siemens.

Frente de cocción continuo de Mobalpa.

Piano di cottura continuo di Mobalpa.

Frente de cocção contínua, de Mobalpa.

Cocina profesional mod. Ora de Mobalpa.

Cucina professionale mod. Ora di Mobalpa.

Fogão profissional, mod. Ora de Mobalpa.

Scholtès

Baños
·
Bagni
·
Casas de Banho

Modernos / *Moderni* / Modernas

Rústicos y Clásicos / *Classici e Rustici*
Clássicas e Rústicas

Muebles / *Móbili* / Móveis

Lavabos / *Lavandini* / Lavatórios

Sanitarios / *Sanitari* / Sanitários

Accesorios / *Accessori* / Acessórios

Griferia / *Rubinetteria* / Torneiras

Bañeras / *Vasche* / Banheiras

Duchas / *Docce* / Chuveiros

Iluminación / *Illuminazione* / Iluminação

Modernos / *Moderni*
Modernas

Las últimas tendencias en cuartos de baño marcan el triunfo de la línea recta en los muebles, la mayoría sobre patas, sin demasiados homenajes a otras épocas. Por el contrario, las audacias se compensan con los materiales tradicionales (porcelana) presentados bajo formas insólitas en los lavabos y la sofisticación de la propuesta, que quiere convertir el baño en una mezcla de sobriedad y señorio para asentar la síntesis de una estancia de la vivienda convertida en laboratorio de la salud y salón de belleza.

Le ultime tendenze per ciò che riguarda l'arredamento della stanza da bagno mettono in chiara evidenza il successo delle linee rette, la maggioranza del mobilio presenta piedi mentre è privo di dettagli che richiamino alla memoria altre epoche. Al contrario, l'audacia delle linee viene compensata dall'utilizzo di materiali tradizionali (porcellana) presentati sotto forme poco comuni nei bagni e la sofisticazione della proposta, che vuole trasformare il bagno in un miscuglio di sobrietà ed eleganza, ha la pretesa di trasformare questa stanza in un vero e proprio laboratorio della salute e salone di bellezza.

As últimas tendências em casas de banho marcam o triunfo da linha recta nos móveis, a maioria deles sobre pés, sem demasiadas homenagens a outras épocas. Pelo contrário, as audácias são compensadas com os materiais tradicionais (porcelana), apresentados sob formas insólitas nas casas de banho, e com a sofisticação da proposta, que quer converter a casa de banho numa mistura de sobriedade e senhorio, para assentar a síntese de uma divisão da habitação convertida num laboratório de saúde e salão de beleza.

En página anterior
Mod. Vero de Duravit.

Nella pagina precedente
Mod. Vero di Duravit.

Na página anterior
Mod. Vero de Duravit.

Sanitarios de porcelana en entorno rústico.

Sanitari di porcellana in ambientazione rustica.

Sanitários de porcelana num meio rústico.

Lavabo-columna Euclide de Rapsel.

Lavandino-colonna Euclide di Rapsel.

Sanita coluna Euclide de Rapsel.

Sendos diseños de Storch/Ehlers.

Vari disegni di Storch/Ehlers.

Dois designs de Storch/Ehlers.

Sendos diseños de Storch/Ehlers.

Vari disegni di Storch/Ehlers.

Dois designs de Storch/Ehlers.

Mod. Teo-Gaia de Elledue.

Mod. Teo-Gaia di Elledue.

Mod. Teo-Gaia de Elledue.

Mod. Flash de Roca.

Mod. Flash di Roca.

Mod. Flash de Roca

Mod. Teo-Gaia de Elledue.

Mod. Teo-Gaia di Elledue.

Mod. Teo-Gaia de Elledue.

Modelo Teo-Gaia de Elledue.

Modello Teo-Gaia di Elledue.

Modelo Teo-Gaia de Elledue.

Lavabo de Axia.

Lavandino *di Axia.*

Lavatório de Axia.

En página anterior
Mod. Teo-Gaia de Elledue.

*Nella pagina precedente
Mod. Teo-Gaia di Elledue.*

Na página anterior
Mod. Teo-Gaia de Elledue.

En página siguiente
Modelo de Axia.

*Nella pagina successiva
Modello di Axia.*

Na página siguiente
Modelo de Axia.

Modelo de Axia.

Modello di Axia.

Modelo de Axia.

Lavabo de Axia. Lavandino *di Axia.* Lavatório de Axia.

Modelo de Axia.

Modello di Axia.

Modelo de Axia.

Modelo de Axia.

Modello di Axia.

Modelo de Axia.

Lavabo de Axia.

Lavandino di Axia.

Lavatório de Axia.

Modelos de Axia.

Modelli di Axia.

Modelos de Axia.

Bañera encastrada
con peldaño de acceso.

*Vasca incastrata
con linguetta di accesso.*

Banheira encastrada
com degrau de acesso.

Minipiscina de Gabriel Poole.

Minipiscina di Gabriel Poole.

Minipiscina de Gabriel Poole.

Bañera empotrada con
mampara y hueco para estantes.

*Vasca a muro con mampara
e spazio per mensole.*

Banheira encastrada com
biombo e abertura para prateleiras.

Modelo de la serie Spirit de Puris.

Modello della serie Spirit di Puris.

Modelo da série Spirit, de Puris.

Modelos de Axia.

Modelli di Axia.

Modelos de Axia.

Mod. Dama de Roca.

Mod. Dama di Roca.

Mod. Dama de Roca.

En página anterior
Mod. Face to face 1 de Villeroy.

*Nella pagina precedente
Mod. Face to face 1 di Villeroy.*

Na página anterior
Mod. Face to Face 1, de Villeroy.

Cuarto de baño con lavabos dobles de Roca,

Bagno con lavandini doppi di Roca.

Casa de banho com lavatórios duplos de Roca.

Mod. Sydney de Roca.

Mod. Sydney di Roca.

Mod. Sydney, de Roca.

Mod. Meridian de Roca.

Mod. Meridian di Roca.

Mod. Meridian, de roca.

Mod. Victoria de Roca.

Mod. Victoria di Roca.

Mod. Victoria, de Roca.

Mod. Giralda de Roca.

Mod. Giralda di Roca.

Mod. Giralda, de Roca.

Mod. Civic de Roca.

Mod. Civic di Roca.

Mod. Civic, de Roca.

Mod. Regata de Roca.

Mod. Regata di Roca.

Mod. Regata, de Roca.

Mod. Multibox de
Duravit.

*Mod. Multibox di
Duravit.*

Mod. Multibox, de
Duravit.

Mod. FS26 de la serie
Zodiaco de Copat.

*Mod. FS26 della serie
Zodiaco di Copat.*

Mod. FS26 da série
Zodiaco, de Copat.

武
水

Un modelo de la serie
Style de Puris.

Un modello della serie
Style di Puris.

Um modelo da série
Style, de Puris.

Mod. Vero 2 de Duravit.

Mod. Vero 2 di Duravit.

Mod. Vero 2 de Duravit.

Mod. Teo-Gaia de Elledue. *Mod. Teo-Gaia di Elledue.* Mod. Teo-Gaia de Elledue.

Mod. Teo-Gaia de Elledue.

Mod. Teo-Gaia di Elledue.

Mod. Teo-Gaia de Elledue.

Baño completo en porcelana de Duravit.

Bagno completo in porcellana di Duravit.

Casa de banho completa em porcelena de Duravit.

Serie Caro de Duravit.

Serie Caro di Duravit.

Série Caro, de Duravit.

Modelo con bañera exenta y cabina de hidromasaje de Duravit.

Modello con vasca e cabina di idromassaggio di Duravit.

Modelo com banheira exenta e cabine de hidromassagem, de Duravit.

Mod. Face to face 2 de Villeroy.

Mod. Face to face 2 di Villeroy.

Mod. Face to Face 2, de Villeroy.

Mod. FS23 de la serie
Zodiaco de Copat.

Mod. FS23 della serie
Zodiaco di Copat.

Mod. FS23, da série
Zodiaco de Copat.

Modelos Zodiaco
de Elledue.

Mododelli Zodiaco
di Elledue.

Modelos Zodiaco
de Elledue.

Mod. FS40 de la serie
Zodiaco de Copat.

*Mod. FS40 di la serie
Zodiaco di Copat.*

Mod. FS40, da série
Zodiaco, de Copat.

Mod. FS39 de la serie
Zodiaco de Copat.

*Mod. FS39 della serie
Zodiaco di Copat.*

Mod. FS39, da série
Zodiaco, de Copat.

Mod. Zodiaco
de Elledue.

*Mod. Zodiaco
di Elledue.*

Mod. zodiaco
de Elledue.

Serie Teo-Gaia de Elledue.

Serie Teo-Gaia di Elledue.

Série Teo-Gaia de Elledue.

En página anterior
Mod. Zodiaco
de Elledue.

*Nella pagina precedente
Mod. Zodiaco
di Elledue.*

Na página anterior
Mod. Zodiaco
de Elledue.

En página siguiente
Detalle de la serie
modular Teo-Gaia de Elledue.

*Nella pagina successiva
Dettaglio della serie modulare
Teo-Gaia di Elledue.*

Na página siguiente
Detalhe da série modular
Teo-Gaia de Elledue.

Detalle de la serie
Teo-Gaia de Elledue.

*Dettaglio della serie
Teo- Gaia di Elledue.*

Detalhe da série
Teo-Gaia de Elledue.

Serie Teo-Gaia de Elledue.

Serie Teo- Gaia di Elledue.

Série Teo-Gaia de Elledue.

Variación del mod. Teo-Gaia de Elledue.

Variazione del mod. Teo- Gaia di Elledue.

Variação do modelo Teo-Gaia de Elledue.

Modelos
Teo-Gaia de Elledue

Modelli
Teo-Gaia di Elledue.

Modelos
Teo-Gaia de Elledue.

Serie Teo-Gaia de Elledue.

Serie Teo-Gaia di Elledue.

Série Teo-Gaia de Elledue.

Modelos Teo-Gaia de Elledue. *Modelli Teo- Gaia di Elledue.* Modelos Teo-Gaia de Elledue.

Diseño modular
Teo-Gaia de Elledue.

Design modulare
Teo-Gaia di Elledue.

Design modular
Teo-Gaia de Elledue.

Teo-Gaia de Elledue.

Teo-Gaia di Elledue.

Teo-Gaia de Elledue.

Modelo Teo-Gaia de Elledue.

Modello Teo-Gaia di Elledue.

Modelo Teo-Gaia de Elledue.

Serie de baños
Teo-Gaia de Elledue.

Serie di bagni
Teo-Gaia di Elledue.

Série de casas de banho
Teo-Gaia de Elledue.

Modelo
Teo-Gaia de Elledue.

Modello
Teo-Gaia di Elledue.

Modelo
Teo-Gaia de Elledue.

Mod. Natura de Puris.

Mod. Natura di Puris.

Mod. Natura, de Puris.

Modelos
Teo-Gaia de Elledue.

Modelli
Teo-Gaia di Elledue.

Modelos
Teo-Gaia de Elledue.

Baño de Laufen.

Bagno di Laufen.

Casas de banho de Laufen.

Modelo
Teo-Gaia de Elledue.

Modello
Teo-Gaia di Elledue.

Modelo
Teo-Gaia de Elledue.

Mod. Nagano 1 de Villeroy.

Mod. Nagano 1 di Villeroy.

Mod. Nagano 1, de Villeroy.

Mod. Nagano 2 de Villeroy.

Mod. Nagano 2 di Villeroy.

Mod. Nagano 2, de Villeroy.

Serie de Laufen.

Serie di Laufen.

Série de Laufen.

Mod. Pure Basic de Villeroy.

Mod. Pure Basic di Villeroy.

Mod. Pure Basic de Villeroy.

Mod. Oblic de Villeroy.

Mod. Oblic di Villeroy.

Mod. Oblic de Villeroy.

Mod. Ondula de Tulli.

Mod. Ondula di Tulli.

Mod. Ondula, de Tulli.

Mod. Tesi de Tulli.

Mod. Tesi di Tulli.

Mod. Tesi, de Tulli.

Mod. Ondula de Tulli.

Mod. Ondula di Tulli.

Mod. Ondula, de Tulli.

Mod. Quadri de Tulli.

Mod. Quadri di Tulli.

Mod. Quadri, de Tulli.

Mod. Quadri de Tulli.

Mod. Quadri di Tulli.

Mod. Quadri, de Tulli.

Mod. Pure Basic de Villeroy. *Mod. Pure Basic di Villeroy.* Mod. Pure Basic, de Villeroy.

Mod. Pure Basic de Villeroy.

Mod. Pure Basic di Villeroy.

Mod. Pure Basic, de Villeroy.

Mod. Pure Basic de Villeroy.

Mod. Pure Basic di Villeroy.

Mod. Pure Basic, de Villeroy.

Clásicos y Rústicos / *Classici e Rustici*
Clássicas e Rústicas

La madera , la porcelana y el mármol son los materiales privilegiados. Si la variante rústica prefiere la rudeza en la forma, las piezas macizas y los acabados contundentes, el clásico se presenta más ligero. Los muebles tienen patas estrechas, relieves y formas curvas en los huecos para el lavabo. No hay homenajes evidentes sino una voluntad de intemporalidad, una calidad que no pasa de moda, una apuesta por los valores seguros del gusto. El cuarto de baño tiene más de boudoir que de clínica estética, a lo que contribuyen los muebles auxiliares, con cajones para mil secretos, el cristal grabado a la cera o las bañeras exentas con patas.

Il legno la porcellana e il marmo sono i materiali preferiti per questo genere di arredamento. Se da una parte la variante rustica preferisce le forme leggermente grezze, i pezzi massicci e le rifiniture molto evidenti, dall'altra lo stile classico è certamente meno appesantito. I mobili hanno piedi sottili, rilievi e curve nelle zone che si trovano sotto il lavandino. Non vi sono omaggi evidenti a uno stile piuttosto che a un altro, ma una volontà di atemporalità, una qualità che non passa di moda, una sommessa per il gusto. La stanza da bagno ricorda più un boudoir che una clinica estetica; a dare questa sensazione contribuiscono i mobili ausiliari, con cassetti per mille secreti, il vetro inciso a cera e le vasche separate con piedini.

A madeira, a porcelana e o mármore são os materiais privilegiados. Se a variante rústica prefere a rudeza na forma, as peças maciças e os acabamentos contundentes, o clássico apresenta-se mais ligeiro. Os móveis têm pés estreitos, relevos e formas curvas nos cantos para a casa de banho. Não há homenagens evidentes, mas sim uma vontade de intemporalidade, uma qualidade que não passa de moda, uma aposta pelos valores seguros do gosto. A casa de banho tem mais de boudoir que de clínica estética, para o que contribuem os móveis auxiliares, com gavetas para mil segredos, o vidro gravado a cera ou as banheiras exentas com pés.

En página anterior
Serie Plaza de Elledue.

Nella pagina precedente
Serie Plaza di Elledue.

Na página anterior
Série Plaza, de Elledue.

Serie Plaza de Elledue.

Serie Plaza di Elledue.

Série Palza, de Elledue.

Mod. Georgia de Roca.

Mod. Georgia di Roca.

Mod. Georgia, de Roca.

Mod. Brocante de Roca.

Mod. Brocante di Roca.

Mod. Brocante, de Roca.

Baño de Roca.

Bagni di Roca.

Casa de banho de Roca.

Mod. Madeira de Roca.

Mod. Madeira di Roca.

Mod. Madeira, de Roca.

Mod. Astoria de Roca.

Mod. Astoria di Roca.

Mod. Astoria, de Roca.

Serie Plaza de Elledue.

Serie Plaza di Elledue.

Série Plaza, de Elledue.

En página anterior
Serie Plaza de Elledue.

Nella pagina precedente
Serie Plaza di Elledue.

Na página anterior
Série Plaza, de Elledue.

Serie Plaza de Elledue.

Serie Plaza di Elledue.

Série Palza, de Elledue.

Armario auxiliar de la serie Plaza de Elledue.

Armadio ausiliare della serie Plaza di Elledue.

Armário auxiliar da série Plaza, de Elledue.

Lavabo tocador de la serie Plaza de Elledue.

Lavandino tavolino della serie Plaza di Elledue.

Lavatório toucador da série Plaza, de Elledue.

En página anterior
Serie Plaza de Elledue
con encimera de mármol.

Nella pagina precedente
Serie Plaza di Elledue
con piano di marmo.

Na página anterior
Série Plaza, de Elledue,
com bancada de mármore.

Mod. Hommage de Villeroy.

Mod. Hommage di Villeroy.

Mod. Hommage, de Villeroy.

Mod. Hommage de Villeroy.

Mod. Hommage di Villeroy.

Mod. Hommage, de Villeroy.

Dctalles de un lavabo tocador de Copat.

Dettagli di un lavandino tavolino di Copat.

Detalhes de um lavatório toucador de Copat.

En página siguiente Mod. Hommage de Villeroy

Nella pagina successiva Mod. Hommage di Villeroy.

Na página siguiente Mod. Hommage, de Villeroy.

Lavabo de Copat.

Lavandino di Copat

Lavatório de Copat.

Mueble compacto de la serie Plaza de Elledue.

Mobile compatto della serie Plaza di Elledue.

Móvel compacto da série Plaza, de Elledue.

Muebles / *Mobili*
Móveis

El siglo XXI trae módulos que multiplican su escala para crear cajoneras, cómodas o muebles para debajo del lavabo. Los espejos cierran armarios con guías correderas o se elevan como guillotinas. En el estilo clásico algunos cajones dejan ver el ajuar de baño detrás de frentes de cristal mate. La asepsia de las instalaciones profesionales aporta formas ovaladas en módulos de diversas alturas con variedad de cajones y puertas. El mármol se opone a maderas tropicales como material de calidad para encimeras. La idea clave es elegir muebles transportables de una vivienda a otra gracias al planteamiento modular o de muebles exentos.

Il XXI secolo contribuisce al design del bagno con l'apporto del concetto di modulo che si moltiplica fino a creare cassettiere, comodini o mobili da inserire sotto al lavandino. Gli specchi chiudono gli armadi con guide scorrevoli o si sollevano a ghigliottina. Nell'ambito dello stile più classico alcuni cassetti lasciano intravedere il corredo del bagno dietro alle facciate di vetro opaco. L'atmosfera asettica delle installazioni professionali apporta forme ovali in moduli di diverse altezze in cui sono presenti sia cassetti che porte. Il marmo si oppone al legno tropicale come materiale di qualità per i pianali; l'idea di fondo è quella di scegliere mobili trasportabili da una casa all'altra grazie al concetto modulare o dei mobili separati.

O século XXI traz módulos que multiplicam a sua escala para criar gavetas, cómodas ou móveis para debaixo do lavabo. Os espelhos encerram armários com guias corredoras, ou sobem como guilhotinas. Dentro do estilo clássico algumas gavetas deixam ver o enxoval de banho por detrás de frentes de vidro mate. A assepsia das instalações profissionais traz formas ovaladas em módulos de diferentes alturas com variedade de gavetas e portas. O mármore opõe-se às madeiras tropicais como material de qualidade para bancadas. A ideia chave é escolher móveis transportáveis de uma habitação a outra, graças à proposta modular ou de móveis exentos.

En página anterior
Mod. Teo-Gaia de Elledue.

Nella pagina precedente
Mod. Teo-Gaia di Elledue.

Na página anterior
Mod. Teo-Gaia de Elledue.

Detalle del mod.
Teo-Gaia de Elledue.

Dettaglio del mod.
Teo-Gaia di Elledue.

Detalhe do mod.
Teo-Gaia de Elledue.

Tres variantes del
mod. Teo-Gaia de Elledue.

Tre varianti del
mod. Teo-Gaia di Elledue.

Três variantes do
modelo Teo-Gaia, de Elledue.

Detalle del secreter del
modelo Teo-Gaia de Elledue.

*Dettaglio del tavolo con cassetti del
modello Teo-Gaia di Elledue.*

Detalhe do segredo do modelo
Teo-Gaia de Elledue.

Detalle de cajonera del
modelo Teo-Gaia de Elledue.

*Dettaglio di cassettiera del
modello Teo-Gaia di Elledue.*

Detalhe das gavetas do
modelo Teo-Gaia de Elledue.

Detalle del modelo Teo-Gaia de Elledue.

Dettaglio del modello Teo-Gaia di Elledue.

Detalhe do modelo Teo-Gaia de Elledue.

Detalle del armario del modelo Teo-Gaia de Elledue.

Dettaglio dell'armadio del modello Teo-Gaia de Elledue.

Detalhe do armário do modelo Teo-Gaia de Elledue.

Detalle del
mod. Teo-Gaia de Elledue.

*Dettaglio del
mod. Teo-Gaia di Elledue.*

Detalhe do
mod. Teo-Gaia de Elledue.

Mod. Teo-Gaia de Elledue.

Mod. Teo-Gaia di Elledue.

Mod. Teo-Gaia de Elledue.

Tres variantes del
mod. Teo-Gaia de Elledue.

Tre varianti del
mod. Teo-Gaia di Elledue.

Três variantes do
mod. Teo-Gaia de Elledue.

Tres detalles del
mod. Teo-Gaia de Elledue.

*Tre dettagli del
mod. Teo-Gaia di Elledue.*

Três detalhes do
mod. Teo-Gaia de Elledue.

Dos detalles del
mod. Teo-Gaia de Elledue.

Due dettagli del
mod. Teo-Gaia di Elledue.

Dois detalhes do
mod. Teo-Gaia de Elledue.

Mod. Teo-Gaia de Elledue.

Mod. Teo-Gaia di Elledue.

Mod. Teo-Gaia de Elledue.

Detalles de los acabados de
la serie Plaza de Elledue.

*Dettagli delle rifiniture
della serie Plaza di Elledue.*

Detalhe dos acabamentos
da série Plaza, de Elledue.

Detalle de los frentes rústicos de la serie Plaza de Elledue.

Dettaglio delle pareti rustiche della serie Plaza di Elledue.

Detalhe das frentes rústicas da série Plaza, de Elledue.

Detalle del tocador de la serie Plaza de Elledue.

Dettaglio del tavolino della serie Plaza di Elledue.

Detalhe do toucador da série Plaza, de Elledue.

Diseño de Enzo Lagno para Alchemy.

Disegno di Enzo Lagno per Alchemy.

Design de Enzo Lagno, para Alchemy.

Mueble auxiliar mod. Hommage de Villeroy.

Mobile ausiliare mod. Hommage di Villeroy.

Móvel auxiliar mod. Hommage, de Villeroy.

Diseño Jelly Cube de
Philippe Starck para Duravit.

*Disegno Jelly Cube di
Philippe Starck per Duravit.*

Design Jelly Cube, de
Philippe Starck para Duravit.

Armario medio
de Duravit.

*Armadio medio
di Duravit.*

Armário médio
de Duravit.

Armario alto de Duravit.

Armadio alto di Duravit.

Armário alto de Duravit.

Variante de armario alto con cajones en el centro de Duravit.

Variante di armadio alto con cassetti al centro di Duravit.

Variante de armário alto com gavetas no centro, de Duravit.

Serie Zodiaco de Copat.

Serie Zodiaco di Copat.

Série Zodiaco, de Copat.

Detalle de mueble bajo lavabo de Copat.

Dettaglio di mobile sotto lavandino di Copat.

Detalhe de móvel debaixo de lavatório, de Copat.

Detalle de cajonera con encimera de mármol de Copat.

Dettaglio di cassettiera con pianale di marmo di Copat.

Detalhe de móvel de gavetas com bancada de mármore, de Copat.

Detalle lateral del
mod. Zodiaco de Copat.

*Dettaglio laterale del
mod. Zodiaco di Copat.*

Detalhe lateral do
mod. zodiaco, de Copat.

Mod. Teo-Gaia de Elledue.

Mod. Teo-Gaia di Elledue.

Mod. Teo-Gaia de Elledue.

Mod. Teo-Gaia de Elledue.

Mod. Teo-Gaia di Elledue.

Mod. Teo-Gaia de Elledue.

Dos detalles del mod. Teo-Gaia de Elledue.

Due dettagli del mod. Teo-Gaia di Elledue.

Dois detalhes do mod. Teo-Gaia de Elledue.

Detalle del mod. Teo-Gaia de Elledue.

Dettaglio del mod. Teo-Gaia di Elledue.

Detalhe do mod. Teo-Gaia de Elledue.

Detalle de las patas de un modelo de Teo-Gaia de Elledue.

Dettaglio delle gambe di un modello di Teo-Gaia di Elledue.

Detalhe dos pés de um modelo de Teo-Gaia de Elledue.

Detalle del
mod. Teo-Gaia de Elledue.

*Dettaglio del
mod. Teo-Gaia di Elledue.*

Detalhe do
mod. Teo-Gaia de Elledue.

Detalle del
mod. Teo-Gaia de Elledue.

*Dettaglio del
mod. Teo-Gaia di Elledue.*

Detalhe do
mod. Teo-Gaia de Elledue.

Detalle del
mod. Teo-Gaia de Elledue.

*Dettaglio del
mod. Teo-Gaia di Elledue.*

Detalhe do
mod. Teo-Gaia de Elledue.

Lámpara
mod. Nagano de Villeroy.

Lamper
mod. Nagano di Villeroy.

Candeeiro
mod. Nagano, de Villeroy.

Detalle de un mueble
auxiliar Teo-Gaia de Elledue.

Dettaglio di un mobile
ausiliare di Teo-Gaia di Elledue.

Detlhe de um móvel auxiliar
Teo-Gaia de Elledue.

Detalle del mod. Teo-Gaia de Elledue.

Dettaglio del mod. Teo-Gaia di Elledue.

Detalhe do mod. Teo-Gaia de Elledue.

En página siguiente
Mod. Teo-Gaia de Elledue.

*Nella pagina successiva
Mod. Teo-Gaia di Elledue.*

Na página siguiente
Mod. Teo-Gaia de Elledue.

Muebles auxiliares
Teo-Gaia de Elledue.

Mobili ausiliari
Teo-Gaia di Elledue.

Móveis auxiliares
Teo-Gaia de Elledue.

Mod. Teo-Gaia de Elledue.

Mod. Teo-Gaia di Elledue.

Mod. Teo-Gaia de Elledue.

Armario auxiliar de Laufen.

Armadio ausiliare di Laufen.

Armário auxiliar de Laufen.

Armario de una puerta de Laufen.

Armadio di una porta di Laufen.

Armário de uma porta, de Laufen.

Armario con espejo
corredero de Laufen.

*Armadio con specchio
scorrevole di Laufen.*

Armário com espelho
corrediço, de Laufen.

Armario auxiliar
de 3 puertas de Lauten.

*Armadio ausiliare
di 3 porte di Laufen.*

Armário auxiliar
de 3 portas, de Laufen.

Lavabos / *Lavandini*
Lavatorios

Se producen grandes variaciones por el cruce de materiales: cristal con acero, porcelanas con maderas tropicales, que cambian las formas previsibles para embellecerse. Los lavamanos circulares se disfrazan de jofaina, bacía, o embudo, mientras que los rectangulares reducen la profundidad del seno considerando su funcionalidad, unas veces empotrados y otras sobre encimeras de vidrio o mármol extraplanas. Los modelos clásicos aprovechan la maleabilidad del material para tomar formas arriñonadas y ganar profundidad a la vez que desaparecen bajo la encimera de mármol. Algunos modelos excéntricos se remiten a la artesanía liberty trabajando la composición de los materiales originales para crear obras de arte.

Per quanto riguarda il design dei lavandini si stanno vedendo molte novità rispetto al passato, infatti al giorno d'oggi si usano diversi materiali: vetro con acciaio, porcellane con legni tropicali, che cambiano le forme prevedibili e le abbelliscono. I lavandini circolari si travestono da catinella, da bacinella o da imbuto, mentre invece quelli rettangolari riducono la profondità del seno considerandone la funzionalita; alcuni sono a muro mentre altri si appoggiano su piani di vetro o marmo ultrapiatti. I modelli classici approfittano la malleabilità del materiale per acquisire forme a mezza luna aumentando così la profondità e scomparendo sotto al piano di marmo. Alcuni modelli, piuttosto eccentrici, ricordano l'artigianato liberty e giocano con la composizione dei materiali originali per creare delle opere d'arte.

Produzem-se grandes variações pelo cruzamento de materiais: vidro com aço, porcelanas com madeiras tropicais, que mudam as formas previsíveis de embelezar-se. Os lavatórios circulares disfarçam-se de bacia, vasilha ou funil, ao passo que os rectangulares reduzem a profundidade do seio, considerando a sua funcionalidade, por vezes encastrados, outras, sobre bancadas de vidro extraplanas. Os modelos clássicos aproveitam a maleabilidade do material para tomar feitios reniformes, e ganhar profundidade enquanto desaparecem debaixo da bancada de mármore. Alguns modelos excêntricos remitem para o artesanato Liberty, trabalhando a composição dos materiais originais para criar obras de arte.

En página anterior
Diseño Mini de P. Starck
para Duravit.

Nella pagina precedente
Disegno Mini di P. Starck
per Duravit.

Na página anterior
Design Mini, de P. Starck
para Duravit.

Mod. Miniaqua de Altro.

Mod. Miniaqua di Altro.

Mod. Miniaqua, de Altro.

Lavabo de porcelana
Teo-Gaia de Elledue.

Lavandino di porcellana
Teo-Gaia di Elledue.

Lavatório de porcelana
Teo-Gaia de Elledue.

Lavabo empotrado
Teo-Gaia de Elledue.

Lavandino a muro
Teo-Gaia di Elledue.

Lavatório encastrado
Teo-Gaia de Elledue.

Lavabo rectangular con bordes curvos Teo-Gaia de Elledue.

Lavandino rettangolare con bordi curvati Teo-Gaia di Elledue.

Lavatório rectangular com bordas curvas, Teo-Gaia de Elledue.

Dos modelos exentos Teo-Gaia de Elledue.

Due modelli isolati Teo-Gaia di Elledue.

Dois modelos exentos Teo-Gaia de Elledue.

Mod. Teo-Gaia de Elledue.

Mod. Teo-Gaia di Elledue.

Mod. Teo-Gaia de Elledue.

Mod. Teo-Gaia de Elledue.

Mod. Teo-Gaia di Elledue.

Mod. Teo-Gaia de Elledue.

Detalles del lavabo exento Teo-Gaia de Elledue.

Dettagli del lavandino isolato Teo-Gaia di Elledue

Detalhes do lavatório exento Teo-Gaia, de Elledue.

Detalles del lavabo exento
Teo-Gaia de Elledue.

Dettagli del lavandino isolato
Teo-Gaia di Elledue.

Detalhes do lavatório exento,
Teo-Gaia de Elledue.

Mod. Low de
Teo Gaia de Elledue.

Mod. Low di
Teo-Gaia di Elledue.

Mod. Low, de
Teo-Gaia de Elleue.

Modelo Low empotrado
de Altro.

*Modello Low a muro
di Altro.*

Mod. Low encastrado
de Altro.

Modelo adosado a la
pared de Teo-Gaia de Elledue.

Modello attaccato alla
parete di Teo-Gaia di Elledue.

Modelo anexado à parede,
de Teo-Gaia de Elledue.

Modelo alto exento
de Narcissus.

Modello alto isolato
di Narcissus.

Modelo Alto Exento,
de Narcissus.

Modelo Low empotrado
de Altro.

Modello Low a muro
di Altro.

Mod. Low encastrado
de Altro.

Lavabo de acero inox. de Axia.

Lavandino di acciaio inossidabile di Axia.

Lavatório de aço inox de Axia.

Lavabo Duravit con grifo Grohe.

Lavandino Duravit con rubinetto Grohe.

Lavatório Duravit com torneira Grohe.

Mod. Image de Altro.

Mod. Image di Altro.

Mod. Image, de Altro.

Lavabo empotrado de Axia.

Lavandino a muro di Axia.

Lavatório encastrado de Axia.

Mod. Lava con borde erosión de Alchemy.

Mod. Lava con bordo rugoso di Alchemy.

Mod. Lava, com borda erosão de Alchemy.

Mod. Fish con borde erosión de Alchemy.

Mod. Fish con bordo rugoso di Alchemy.

Mod. Fish com borda erosão, de Alchemy.

Mod. Misto de Alchemy.

Mod. Misto di Alchemy.

Mod. Misto, de Alchemy.

Mod. Coral sobre pedestal de bronce de Alchemy.

Mod. Coral su piedistallo di bronzo di Alchemy.

Mod. Coral sobre pedestal de bronze, de Alchemy.

Mod. Fish de Alchemy.

Mod. Fish di Alchemy.

Mod. Fish, de Alchemy.

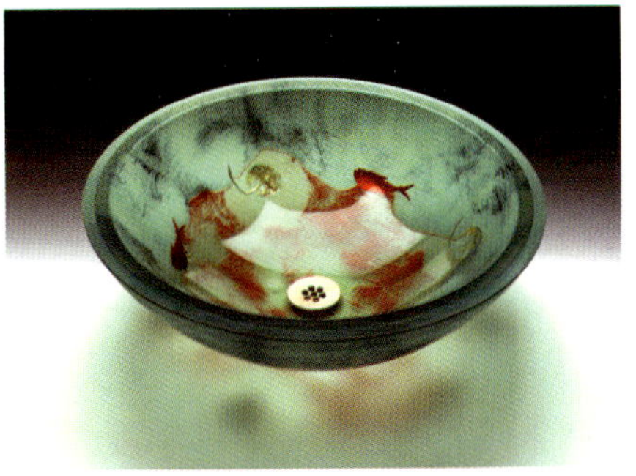

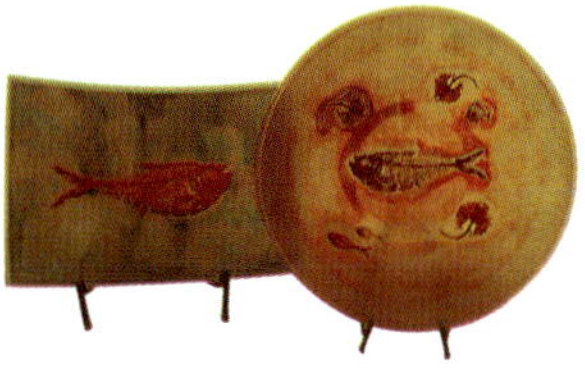

Mod. Fósil con borde pulido de Alchemy.

Mod. Fósil con bordo liscio di Alchemy.

Mod. Fósil com borda polida de Alchemy.

Mod. Ether con borde erosión de Alchemy.

Mod. Ether con bordo rugoso di Alchemy.

Mod. Ether com borda erosão, de Alchemy.

Mod. con borde pulido de Alchemy.

Mod. con bordo liscio di Alchemy.

Mod. com borda polida, de Alchemy.

Mod. Coral con borde erosión de Alchemy.

Mod. Coral con bordo rugoso di Alchemy.

Mod. Coral com borda erosão,de Alchemy.

Mod. Fish sobre encimera con patas esculpidas de Alchemy.

Mod. Fish su piano con gambe scolpite di Alchemy.

Mod. Fish sobre bancada com pés esculpidos, de Alchemy.

Mod. Fish con borde pulido de Alchemy.

Mod. Fish con bordo liscio di Alchemy.

Mod. Fish com borda polida, de Alchemy.

Mod. Fisherwater con borde erosión de Alchemy.

Mod. Fisherwater con bordo rugoso di Alchemy.

Mod. Fisherwater com borda erosão, de Alchemy.

Mod. Coral erosión de Alchemy.

Mod. Coral rugoso di Alchemy.

Mod. Coral com borda erosão, de Alchemy.

Mod. Fish con borde pulido de Alchemy.

Mod. Fish con bordo liscio di Alchemy.

Mod. Fish com borda polida, de Alchemy.

Mod. Ether con borde erosión de Alchemy.

Mod. Ether con bordo rugoso di Alchemy.

Mod. Ether com borda erosão, de Alchemy.

Mod. Glacier con
semipedestal de Alchemy.

Mod. Glacier con
semipiedistallo di Alchemy.

Mod. Glacier, com
semi-pedestal, de Alchemy.

Mod. Gold con pedestal
de bronce de Alchemy.

Mod. Gold con piedistallo
di bronzo di Alchemy.

Mod. Gold, com pedestal
de bronze, de Alchemy.

Mod. Glacier Glass de Alchemy.

Mod. Glacier Glass di Alchemy.

Mod. Glacier Glass, de Alchemy.

Mod. Glacier con borde pulido de Alchemy.

Mod. Glacier con bordo liscio di Alchemy.

Mod. Glacier com borda polida, de Alchemy.

Mod. Coral ciénaga con borde erosión de Alchemy.

Mod. Coral Ciénaga con bordo rugoso di Alchemy.

Mod. Coral com bordarda erosão, de Alchemy..

Mod. Ether con borde pulido y pedestal de bronce de Alchemy.

Mod. Ether con bordo liscio e piedistallo di bronzo di Alchemy.

Mod. Ether, com borda polida e pedestal de bronze, de Alchemy.

Mod. Curva de Tulli.

Mod. Curva di Tulli.

Mod. Curva, de Tulli.

Mod. Cubo de Tulli.

Mod. Cubo di Tulli.

Mod. Cubo, de Tulli.

Mod. Cubo de Tulli.

Mod. Cubo di Tulli.

Mod. Cubo, de Tulli.

Mod. Curva de Tulli.

Mod. Curva di Tulli.

Mod. Curva, de Tulli.

Mod. Dadi de Tulli.

Mod. Dadi di Tulli.

Mod. Dadi, de Tulli.

Mod. Gotta de Altro.

Mod. Gotta di Altro.

Mod. Gotta,de Altro.

Mod. Dadi de Tulli.

Mod. Dadi di Tulli.

Mod. Dadi, de Tulli.

Modelos de Laufen.

Modelli di Laufen.

Modelos de Laufen.

Mod. Tesi de Tulli.

Mod. Tesi di Tulli.

Mod. Tesi, de Tulli.

Mod. Dadi de Tulli.

Mod. Dadi di Tulli.

Mod. Dadi, de Tulli.

Mod. Dadi de Tulli.

Mod. Dadi di Tulli.

Mod. Dadi, de Tulli.

Mod. Dadi de Tulli.

Mod. Dadi di Tulli.

Mod. Dadi, de Tulli.

Mod. Tesi de Tulli.

Mod. Tesi di Tulli.

Mod. Tesi, de Tulli.

Lavabo empotrado arriñonado de
la serie Plaza de Elledue.

Lavandino a muro a mezza luna
della serie Plaza di Elledue.

Lavatório encastrado reniforme
da série Paza, de Elledue.

Lavabo con semipedestal
de Duravit.

Lavandino con semipiedistallo
di Duravit.

Lavatório com semi-pedestal,
de Duravit.

Lavabo sobre mueble
de Duravit.

Lavandino su mobile
di Duravit.

Lavatório sobre móvel,
de Duravit.

Lavabo con pedestal
de Duravit.

Lavandino con piedistallo
di Duravit.

Lavatório com pedestal,
de Duravit.

Lavabo con
semipedestal de Duravit.

Lavandino con
semipiedistallo di Duravit.

Lavatório com
semi-pedestal, de Duravit.

Mod. SOHO. N. Y. de Villeroy.

Mod. SOHO. N. Y. di Villeroy.

Mod. SOHO N.Y. de Villeroy.

Un diseño de Starck
para Duravit.

Un disegno di Starck
per Duravit.

Um design de Starck
para Duravit.

Mod. Tube de Altro.

Mod. Tube di Altro.

Mod. Tube, de Altro.

Mod. Vero de Duravit.

Mod. Vero di Duravit.

Mod. Vero, de Duravit.

Mod. Tube In de Altro.

Mod. Tube In di Altro.

Mod. Tube In, de Altro.

Mod. Ondula de Tulli.

Mod. Ondula di Tulli.

Mod. Ondula, de Tulli.

Modelos de Magma.

Modelli di Magma.

Modelos de Magma.

Modelos de Magma.

Modelli di Magma.

Modelos de Magma.

Lavabo El Gabbiano.

Lavandino El Gabbiano.

Lavatório El Gabbino.

Lavabo Flat.

Lavandino Flat.

Lavatório Flat.

Lavabo y mueble Duravit

Lavandino e mobile Duravit.

Lavatório e móvei Duravit.

Lavabo Optima.

Lavandino Optima.

Lavatório Optima.

Lavabo Menhir.

Lavandino Menhir.

Lavatório Menhir.

Lavabo Morgans.

Lavandino Morgans.

Lavatório Morgans.

Sanitarios / *Sanitari*
Sanitários

La porcelana reina en todos los modelos, de suelo o suspendidos. Se valora el concepto de pieza única, con un estudio de las bases para facilitar la limpieza, evitando relieves no funcionales. El diseño llega a las tapas, con una preferencia por los colores suaves, sin estridencias. Los diseños de Starck juegan con la noción de contenedor de desechos. En las cisternas se encuentran modelos altos y estrechos para mejorar la presión del chorro de agua. Se facilita el ahorro con la inclusión de un doble botón para vaciar la mitad o el total del contenido.

La porcellana è presente in tutti i modelli, sia in quelli che appoggiano al pavimento sia in quelli sospesi. Acquisisce un certo valore il concetto di pezzo unico, cui si aggiunge uno studio delle basi allo scopo di renderne più agevole la pulizia, evitando rilievi poco funzionali. Il design arriva anche al coperchio, dove troviamo una spiccata preferenza per i colori poco accesi, senza eccessi. I disegni di Starck giocano con il concetto di contenitore di rifiuti; dall'altro lato le cisterne presentano infiniti modelli sia alti che stretti pensati al fine di migliorare la pressione del getto d'acqua. Si favorisce inoltre il risparmio d'acqua con l'inserimento di un doppio bottone, uno per svuotare solamente la metà del contenuto della cisterna e l'altro per utilizzarlo tutto.

A porcelana reina em todos os modelos, de solo ou suspensos. Valora-se o conceito de peça única, com um estudo das bases para facilitar a limpeza, evitando relevos não funcionais. O design chega às tampas, com uma preferência pelas cores suaves, sem estridências. Os designs de Starck jogam com a noção de contentor de resíduos. Entre os autoclismos encontram-se modelos altos e estreitos para melhorar a pressão do jacto de água. Facilita-se a poupança com a inclusão de um botão duplo, para esvaziar metade ou a totalidade do conteúdo.

En página anterior
Conjunto de inodoro y bidé de Duravit.

*Nella pagina precedente
Set di tazza e bidè di Duravit.*

Na página anterior
Conjunto de sanita e bidé de Duravit.

Mod. Hommage de Villeroy.

Mod. Hommage di Villeroy.

Mod. Hommage, de Villeroy.

Mod. Veranda de Roca.

Mod. Veranda di Roca.

Mod. Veranda, de Roca.

Mod. Century Garden de Villeroy & Bosch.

Mod. Century Garden di Villeroy & Bosch.

Mod. Century Garden, de Villeroy & Bosch.

Mod. Century Titanic de Villeroy & Bosch.

Mod. Century Titanic di Villeroy & Bosch.

Mod. Century Titanic, de Villeroy & Bosch.

Mod. Caro de Duravit

Mod. Caro di Duravit

Mod. Caro de Duravit.

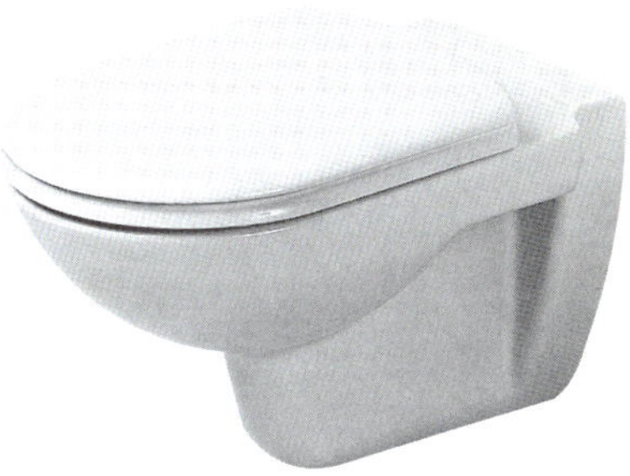

Inodoro de Altair de Jacob Delafon.

Tazza di Altair di Jacob Delafon.

Sanita de Altair de Jacob Delafon.

Bidé Trocadero de Delafon.

Bidè Trocadero di Delafon.

Bidé Trocadero, de Delafon.

Bidé Odeon de Jacob Delafon.

Bidè Odeon di Jacob Delafon.

Bidé Odeon, de Jacob Delafon.

Bidé New Haven de Delafon.

Bidè New Haven di Delafon.

Bidé New Haven, de Delafon.

Mod. Portrait de Delafon.

Mod. Portrait di Delafon.

Bidé Portrait, de Delafon.

Mod. Fleur di Delafon.

Mod. Fleur di Delafon.

Mod. Fleur, de Delafon.

Mod. Antores de Delafon.

Mod. Antores di Delafon.

Bidé Antores, de Delafon.

Bidé estilo retro, de Roca.

Bidè stile retro di Roca.

Bidé estilo retro, de Roca.

Inodoro Century Titanic de Villeroy & Bosch.

Tazza Century Titanic di Villeroy & Bosch.

Sanita Century Titanic, de Villeroy & Bosch.

Mod. Astros de Delafon.

Mod. Astros di Delafon.

Mod. Astros, de Delafon.

Bidé Veranda de Roca.

Bidè Veranda di Roca.

Bidé Veranda, de Roca.

Mod. Altair de Delafon.

Mod. Altair di Delafon.

Mod. Altair, de Delafon.

Mod. Dama de Roca.

Mod. Dama di Roca.

Mod. Dama, de Roca.

Mod. Victoria de Roca.

Mod. Victoria di Roca.

Mod. Victoria de Roca.

Mod. Meridian de Roca.

Mod. Meridian di Roca.

Mod Meridian de Roca.

Mod. Veranda de Roca.

Mod. Veranda di Roca.

Mod. Veranda, de Roca.

Mod. Verónica de Roca

Mod. Verónica di Roca

Mod. Verónica de Roca.

Mod Georgia de Roca

Mod Georgia di Roca

Mod. Georgia de Roca.

Mod. Sydney de Roca.

Mod. Sydney di Roca.

Mod. Sydney de Roca.

Mod. Meridian de Roca.

Mod. Meridian di Roca.

Mod. Meridian, de Roca.

Mod. Urinett de Roca

Mod. Urinett di Roca

Mod. Urinett de Roca.

Mod. Verónica de Roca.

Mod. Verónica di Roca.

Mod. Verónica de Roca.

Mod. Veranda de Roca.

Mod. Veranda di Roca.

Mod. Veranda de Roca.

Aro reductor adaptável
mod. Pony, de Roca.

*Cerchio ridottore adattabile
mod. Pony di Roca.*

Aro reductor adaptável
mod. Pony, de Roca.

Mod. Multifunción de Roca.

Mod. Multifunzione di Roca.

Mod. Multifunção, de Roca.

Asiento-tapa Multiclin, de Roca.

Water-coperchio multiclin di Roca.

Assento-tampa Multiclin, de Roca.

Jogo de Bidé e Sanita suspensos.

Set di Bidè e water separati.

Jogo de Bidé e Sanita suspensos.

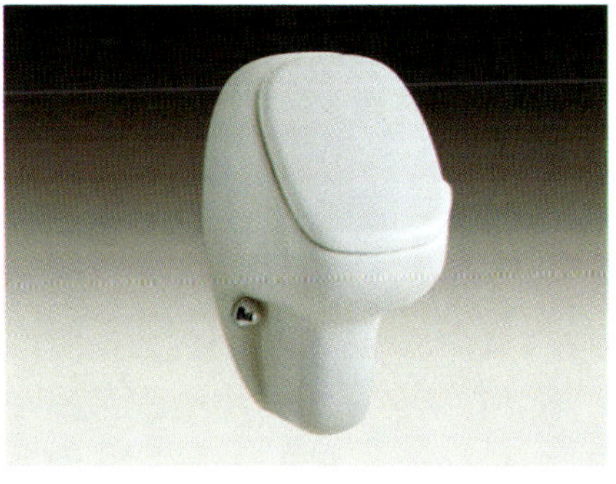

Mod. Urinett de Roca.

Mod. Urinett di Roca.

Mod. Urinett de Roca.

Conjunto suspendido de Duravit.

Set sospeso di Duravit.

Conjunto suspenso, de Duravit.

Mod. McDry de Duravit.

Mod. McDry di Duravit.

Mod. McDry, de Duravit.

Mod. Editionals de Villeroy.

Mod. Editionals di Villeroy.

Mod. Editionals, de Villeroy.

Sanitarios suspendidos
de Laconda.

*Sanitari sospesi
di Laconda.*

Sanitas suspensas
de Laconda.

Modelo de Laufen.

Modello di Laufen.

Modelo de Laufen.

Mod. con cisterna estrecha de Laufen.

Mod. con cisterna stretta di Laufen.

Mod. com autoclismo estreito, de Laufen.

Inodoro con cisterna
empotrada de Laufen.

*Tazza con cisterna a
muro di Laufen.*

Sanita com autoclismo
encastrado, de Laufen.

Bidé exento de Laufen.

Bidè isolato di Laufen.

Bidé exento, de Laufen.

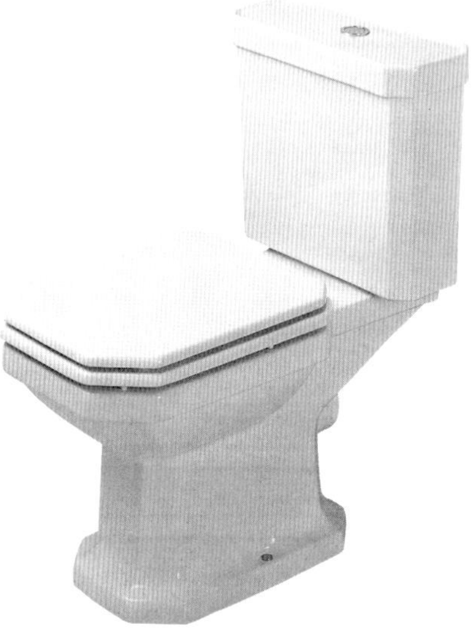

Mod. 1939 de Duravit.

Mod. 1939 di Duravit.

Mod. 1939, de Duravit.

Mod. Caro de Duravit.

Mod. Caro di Duravit.

Mod. Caro, de Duravit.

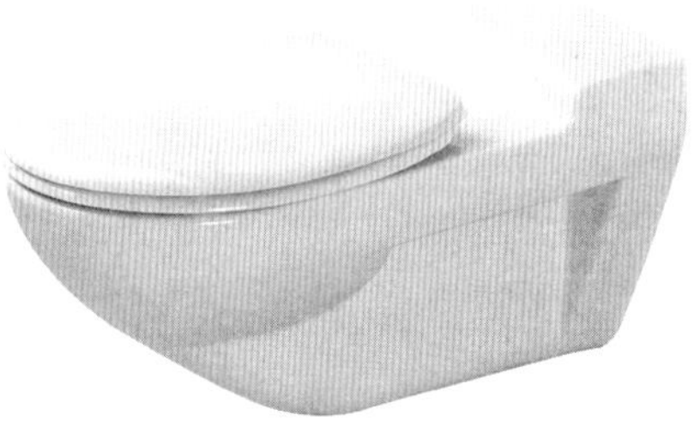

Mod. Architect de Duravit.

Mod. Architect di Duravit.

Mod. Architect, de Duravit.

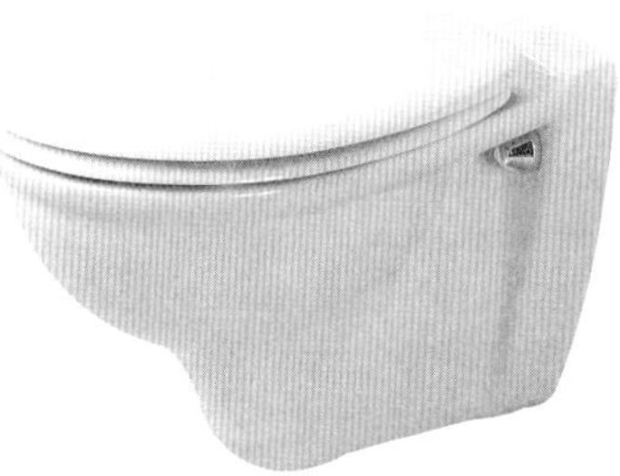

Mod. Darling de Duravit.

Mod. Darling di Duravit.

Mod. Darling, de Duravit.

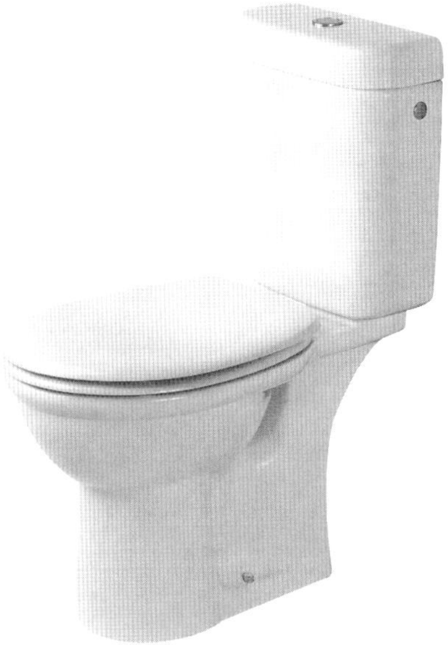

Mod. Darling de Duravit.

Mod. Darling di Duravit.

Mod. Darling, de Duravit.

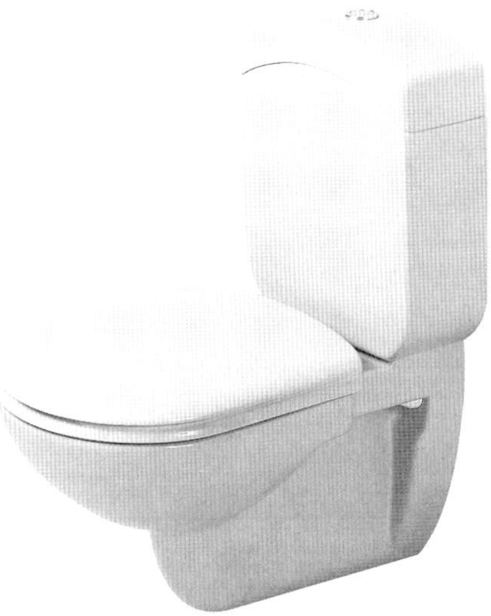

Mod. Dell'Arco de Duravit.

Mod. Dell'Arco di Duravit.

Mod. Dell'Arco, de Duravit.

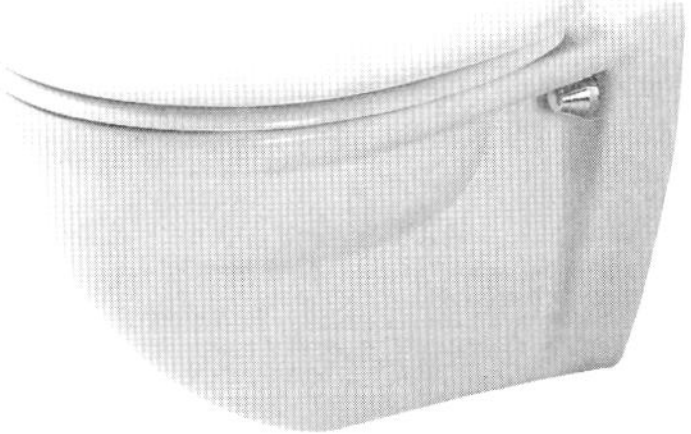

Mod. Darling suspendido
de Duravit.

*Mod. Darling sospeso
di Duravit.*

Mod. Darling suspenso,
de Duravit.

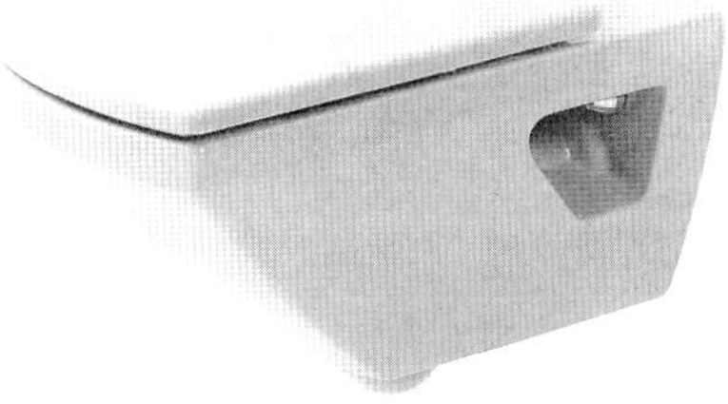

Mod. Caro de Duravit.

Mod. Caro di Duravit.

Mod. Caro, de Duravit.

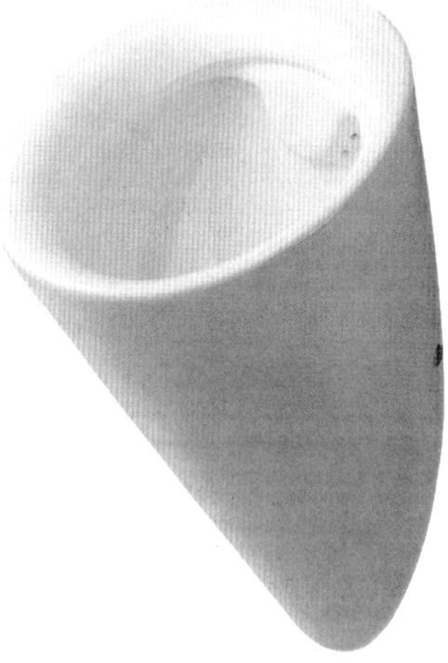

Urinario de Starck para Duravit.

Orinatoio di Starck per Duravit.

Urinol de Starck, para Duravit.

Inodoro de Starck para Duravit.

Tazza di Starck per Duravit.

Sanita de Starck para Duravit.

Inodoro suspendido de Starck para Duravit.

Tazza sospesa di Starck per Duravit.

Sanita suspensa de Starck, para Duravit.

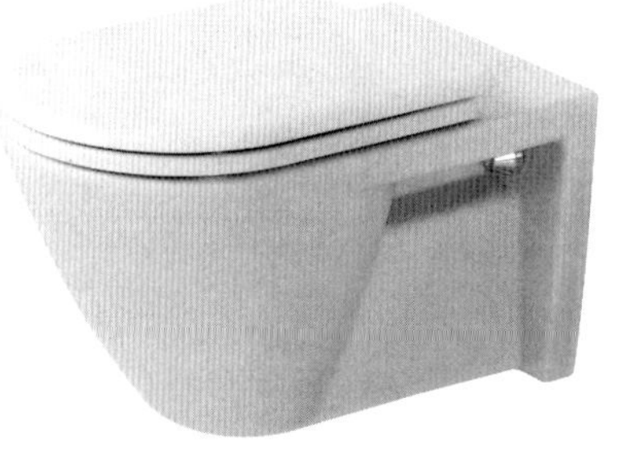

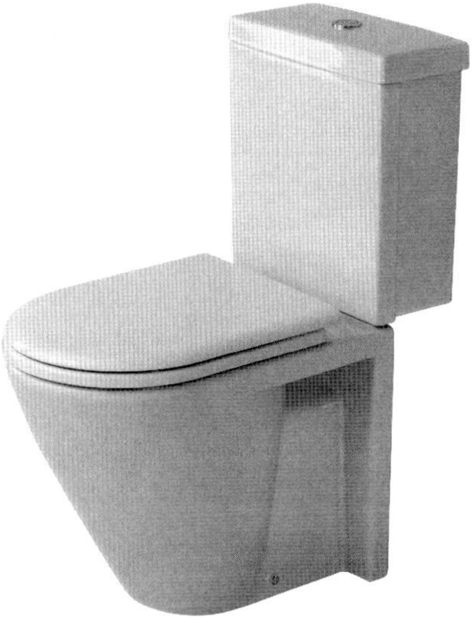

Modelo de Starck para Duravit.

Modello di Starck per Duravit.

Modelo de Starck, para Duravit.

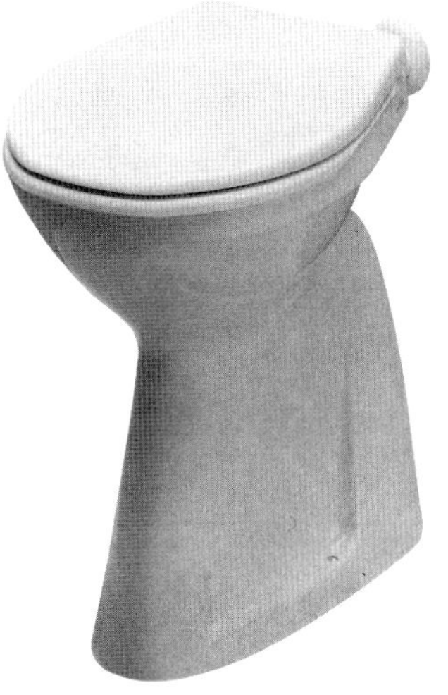

Mod. Duravital de Duravit.

Mod. Duravital di Duravit.

Mod. Duravital, de Duravit.

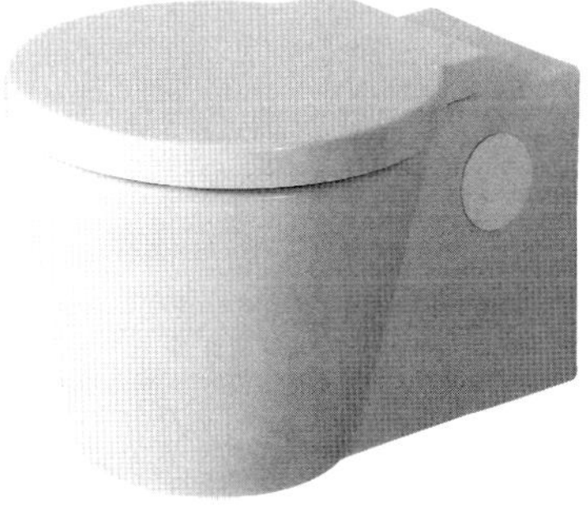

Inodoro de Starck para Duravit.

Tazza di Starck per Duravit.

Sanita de Starck, para Duravit.

Accesorios / *Accessori*
Acessórios

El diseño de accesorios para el cuarto de baño insufla elegancia a cada objeto. Los materiales, madera, porcelana, acero o plástico son los habituales en esta pieza, pensados para resistir la humedad. La funcionalidad no está reñida con la imaginación y así encontramos que cada elemento parece pensado como una obra especial, una escultura minimalista que concentra hasta llegar a la máxima abstracción formal la esencia de cada objeto.

Il design degli accessori per il bagno conferisce certa eleganza ad ogni oggetto. I materiali, il legno, la porcellana, l'acciaio o la plastica sono i materiali che normalmente vengono utilizzati in questa stanza, pensati per resistere all'umidità. La funzionalità non si regge sull'immaginazione, quindi osserviamo che ogni elemento sembra pensato come una vera e propria opera d'arte, una scultura minimalista che concentra, fin quasi ad arrivare alla massima astrazione formale, l'essenza di ogni oggetto.

O design de acessórios para a casa de banho enche de elegancia cada objecto. Os materiais, madeira, porcelana, aço ou plástico, são os habituais nesta peça, pensados para resistir à humidade. A funcionalidade não está de costas voltadas à imaginação e assim vemos que cada elemento parece pensado como uma obra especial, uma escultura minimalista, que concentra, até à máxima abstracção formal, a essência de cada objecto.

En página anterior
Conjunto de accesorios en acero y plástico de Siria.

Nella pagina precedente
Set di accessori in acciaio e plastica di Siria.

Na página anterior
Conjunto de acessórios em aço e plástico, de Siria.

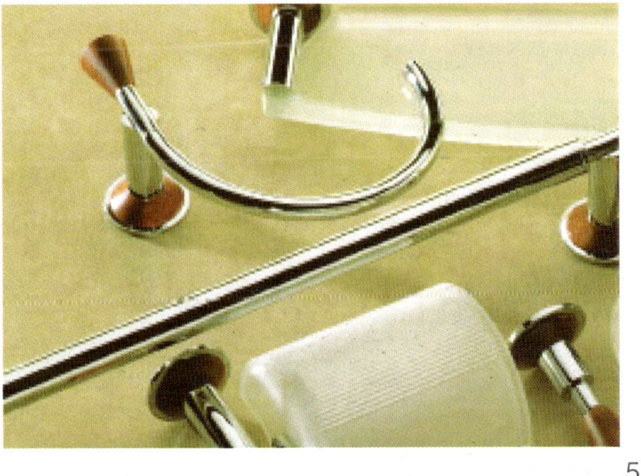

Mod. Prestige Natura de Roca.

Mod. Prestige Natura di Roca.

Mod. Prestige Natura, de Roca.

Mod. Prestige class de Roca.

Mod. Prestige class di Roca.

Mod. Prestige Class, de Roca.

Mod. Zoom de Roca.

Mod. Zoom di Roca.

Mod. Zoom, de Roca.

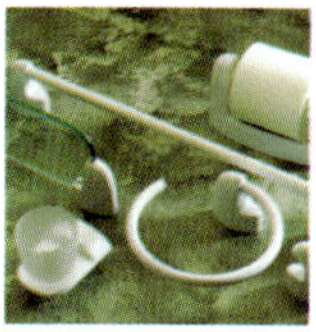

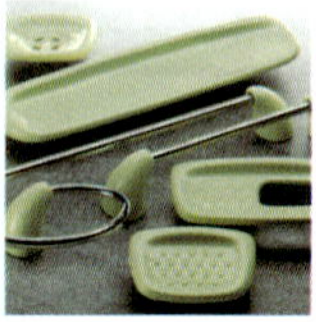

Mod. Onda Plus de Roca.

Mod. Onda Plus di Roca.

Mod. Onda Plus, de Roca.

Mod. Palma Laca de Roca.

Mod. Palma Laca di Roca.

Mod. Palma Laca, de Roca.

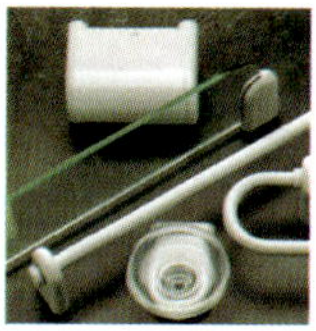

Mod. Dobla de Roca.

Mod. Dobla di Roca.

Mod. Dobla, de Roca.

Mod. Monaco de Roca.

Mod. Monaco di Roca.

Mod. Monaco, de Roca.

Mod. Arc Decó de Roca.

Mod. Arc Decó di Roca.

Mod. Arc Deco, de Roca.

Mod. Veranda de Roca.

Mod. Veranda di Roca.

Mod. Veranda, de Roca.

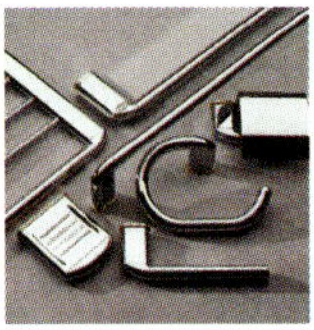

Mod. Aria de Roca.

Mod. Aria di Roca.

Mod. Aria, de Roca.

Mod. Palma Tec de Roca.

Mod. Palma Tec di Roca.

Mod. Palma Tec, de Roca.

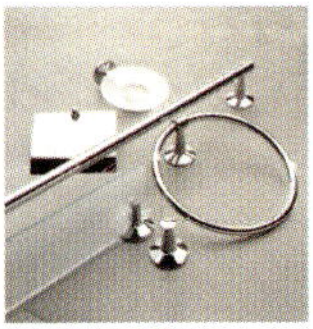

Mod. Conica de Roca.

Mod. Conica di Roca.

Mod. Conica, de Roca.

Mod. Saga de Roca.

Mod. Saga di Roca.

Mod. Saga, de Roca.

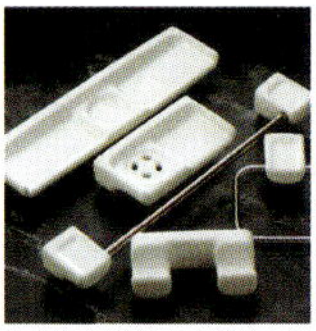

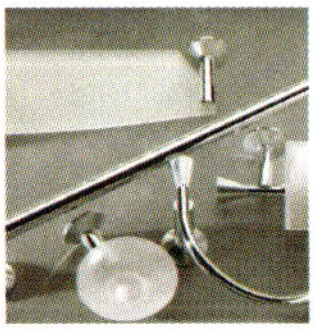

Mod. Prestige futura de Roca.

Mod. Prestige futura di Roca.

Mod. Prestige Futura, de Roca.

Mod. Pony de Roca.

Mod. Pony di Roca.

Mod. Pony, de Roca.

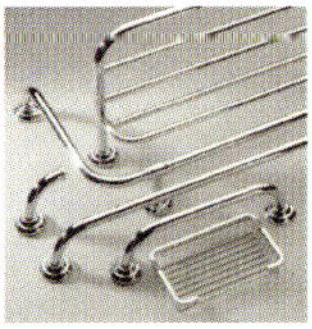

Mod. Hotel's de Roca.

Mod. Hotel's di Roca.

Mod. Hotel's, de Roca.

Asa de pared Superinox de Roca.

Maniglia per parete Superinox di Roca.

Asa de parede Superinox, de Roca.

Portarrollos mod. Teo-Gaia
de Elledue.

*Portacarta mod. Teo-Gaia
di Elledue.*

Porta-rolos mod. Teo-Gaia
de Elledue.

Colgadores mod. Teo-Gaia de Elledue.

Grucce mod. Teo-Gaia di Elledue.

Cabides mod. Teo-Gaia de Elledue.

Escobillero mod. Teo-Gaia de Elledue.

Porta spazzole mod. Teo-Gaia di Elledue.

Piaçabas mod. Teo-Gaia de Elledue.

Toalleros mod. Teo-Gaia de Elledue.

Portasciugamani mod. Teo-Gaia di Elledue.

Toalheiros mod. Teo-Gaia de Elledue.

Portavasos mod. Teo-Gaia de Elledue.

Portabicchieri mod. Teo-Gaia di Elledue.

Porta-copos mod. Teo-Gaia de Elledue.

Jabonera mod. Teo-Gaia de Elledue.

Portasapone mod. Teo-Gaia di Elledue.

Saboneteira mod. Teo-Gaia de Elledue.

Toallero mod. Teo-Gaia de Elledue.

Portasciugamani mod. Teo-Gaia di Elledue.

Toalheiro mod. Teo-Gaia de Elledue.

Portavasos mod. Teo-Gaia Elledue.

Portabicchieri mod. Teo-Gaia di Elledue.

Porta-copos mod. Teo-Gaia de Elledue.

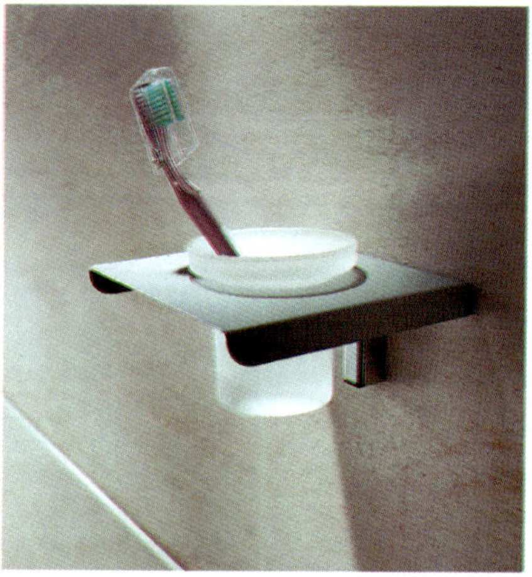

Jabonera mod. AC0018
de Teo-Gaia/Elledue.

Porta saponi mod. AC0018
di Teo-Gaia/Elledue.

Saboneteira mod. AC0018,
de Teo-Gaia / Elledue.

Colgadores mod. Teo-Gaia de Elledue.

Grucce mod. Teo-Gaia di Elledue.

Cabides mod. Teo-Gaia de Elledue.

Portarrollos mod. Teo-Gaia de Elledue.

Portacarta mod. Teo-Gaia di Elledue.

Porta-rolos mod. Teo-Gaia de Elledue.

Escobillero mod. Teo-Gaia de Elledue.

Portaspazzola mod. Teo-Gaia di Elledue.

Piaçaba mod. Teo-Gaia de Elledue.

Estantería de Tulli.

Mensole di Tulli.

Prateleira de Tulli.

Dosificador de jabón
de Tulli.

*Dosificatore di sapone
di Tulli.*

Dosificador de sabonete,
de Tulli.

Toallero de pie de Tulli.

Portatovaglie a stelo di Tulli.

Toalheiro de pé, de Tulli.

Detalle de un toallero
metálico de Tulli.

Dettaglio di un portatovaglie
metallico di Tulli.

Detalhe dum toalheiro
metálico, de Tulli.

Conjunto mod. Onix de Altro.

Set mod. Onix di Altro.

Conjunto mod. Onix, de Altro.

Juego de toalleros y estantes de Marat.

Set di portatovaglie e mensole di Marat.

Jogo de toalheiros e prateleiras, de Marat.

Espejo mod. Onix de Altro.

Specchio mod. Onix di Altro.

Espelho mod. Onix, de Altro.

Conjunto de accesorios de Marat.

Set di accessori di Marat.

Conjunto de acessórios de Marat.

Griferia / *Rubinetteria*
Torneiras

La tecnología más avanzada presenta modelos termostáticos y electrónicos para controlar la temperatura del agua a conveniencia, tanto con previsión de ahorro de energía como de tiempo. Los materiales aislantes para los revestimientos, sean cromados o en plástico, garantizan la máxima calidad y seguridad en el manejo de estos elementos. El diseño ergonómico conjuga la estética con la funcionalidad, además de ocultar su inteligente estructura interior. La presentación mantiene los éxitos consolidados: el grifo de rosca para los modelos clásicos que buscan un matiz nostálgico, el pulsador para los más estilizados, y la palanca de media vuelta para los mezcladores monomando.

La tecnologia più avanzata presenta modelli termostatici ed elettronici per controllare la temperatura dell'acqua a piacere e per risparmiare energia e tempo. I materiali isolanti per i rivestimenti, sia cromati che di plastica, garantiscono la massima qualità e sicurezza nel maneggio di questi elementi. Il design ergonomico coniuga l'estetica con la funzionalità, oltre a occultare la sua struttura interna intelligente. La presentazione mantiene i modelli che hanno un successo ormai consolidato: il rubinetto a vite per i modelli classici che cercano un'atmosfera nostalgica, il pulsante per gli amanti del design stilizzato e la leva per i miscelatori monocomando.

A tecnologia mais avançada apresenta modelos termostáticos e electrónicos para controlar a temperatura da água à conveniência, com previsão de poupança tanto de energia como de tempo. Os materiais isolantes para os revestimentos, sejam cromados ou plásticos, garantem a máxima qualidade e segurança no manejo destes elementos. O design ergonómico conjuga a estética com a funcionalidade, além de ocultar a sua inteligente estructura interior. A apresentação mantém os êxitos consolidados: a torneira de rosca para os modelos clássicos, o pulsador para os mais estilizados, e a alavanca de meia volta para as misturadoras monomando.

En página anterior
Mod. Tara de Dornbracht.

Nella pagina precedente
Mod. Tara di Dornbracht.

Na página anterior
Mod. Tara, de Dornbracht.

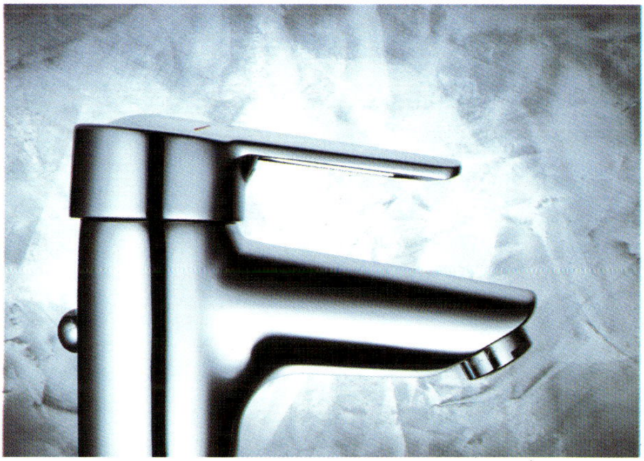

Grifo monomando
Eurostyle de Grohe.

Rubinetto monocomando
Eurostyle di Grohe.

Torneira monomando
Eurostyle, de Grohe.

Grifo de palanca
mod. Tara de Dornbracht.

Rubinetto a leva
mod. Tara di Dornbracht.

Torneira de alavanca
mod. Tara, de Dornbracht.

Grifo de pared con pulsador
Emote de Dorn.

Rubinetto a muro con pulsante
mod. Emote di Dorn.

Torneira de parede com pulsador,
mod. Emote, de Dorn.

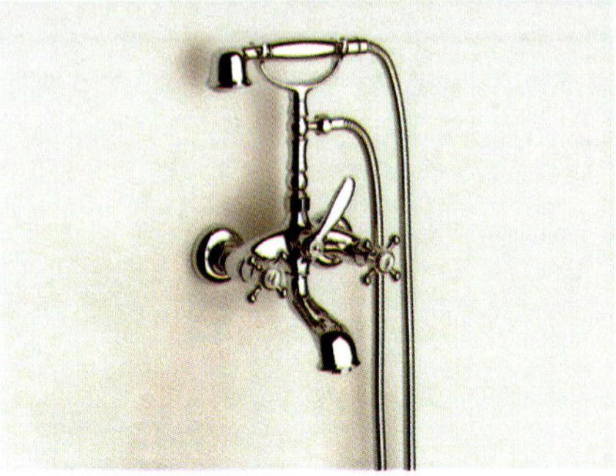

Ducha teléfono
mod. Verona de Roca.

Doccia telefono
mod. Verona di Roca.

Chuveiro telefone
mod. Verona, de Roca.

Caño de pared de Roca.

Tubo a muro di Roca.

Braço de parede, de Roca.

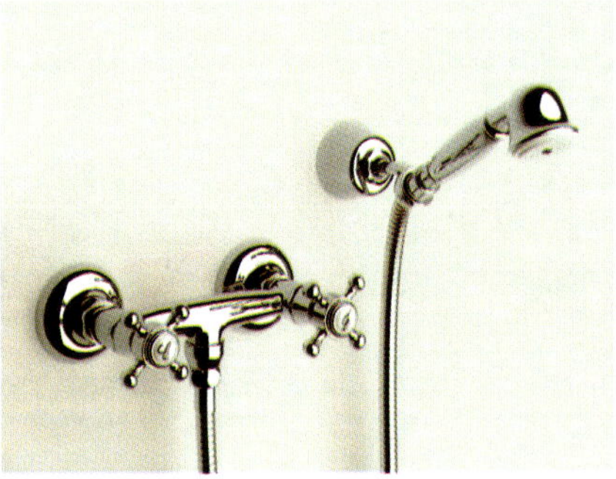

Ducha teléfono
mod. Verona de Roca.

Doccia telefono
mod. Verona di Roca.

Chuveiro telefone
mod. Verona, de Roca.

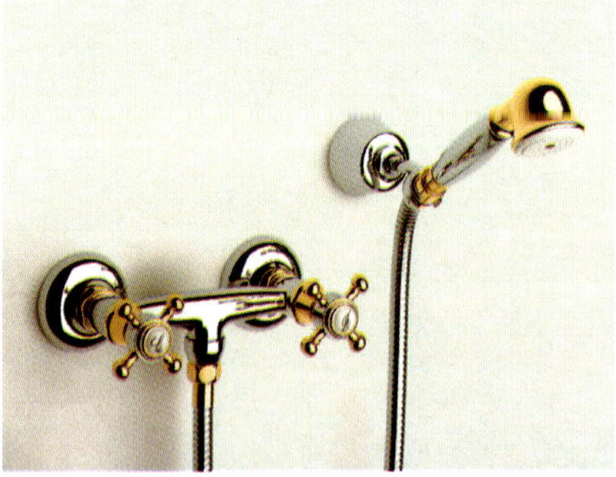

Ducha teléfono
mod. Florentina de Roca.

Doccia telefono
mod. Florentina di Roca.

Chuveiro telefone
mod. Florentina, de Roca.

Mezclador mod. Verona
de Roca.

*Miscelatore mod. Verona
di Roca.*

Misturadora mod. Verona
de Roca.

Mezclador mod.
Florentina de Roca.

Mezclador mod.
Florentina de Roca.

Misturadora mod.
Florentina de Roca.

Mezclador
mod. Florentina de Roca.

*Miscelatore
mod. Florentina di Roca.*

Misturadora
mod. Florentina, de Roca.

Mezclador
mod. Florentina de Roca.

*Miscelatore
mod. Florentina di Roca.*

Misturadora
mod. Florentina, de Roca.

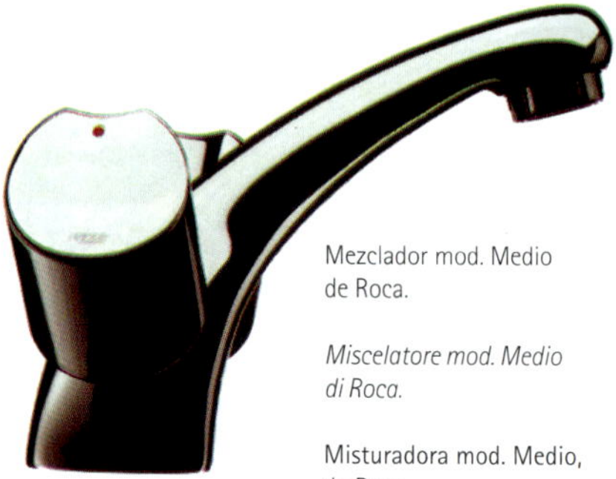

Mezclador mod. Medio de Roca.

Miscelatore mod. Medio di Roca.

Misturadora mod. Medio, de Roca.

Mezclador mod. Verona de Roca.

Miscelatore mod. Verona di Roca.

Misturadora mod. Verona de Roca.

Mezclador mod. Brava de Roca.

Miscelatore mod. Brava di Roca.

Misturadora mod. Brava, de Roca.

Mezclador mod. Florentina de Roca.

Miscelatore mod. Florentina di Roca.

Misturadora mod. Florentina de Roca.

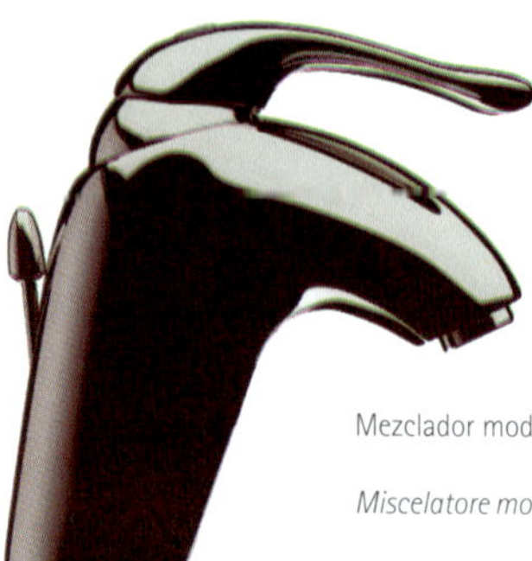

Mezclador mod. Amura de Roca.

Miscelatore mod. Amura di Roca.

Misturadora mod. Amura, de Roca.

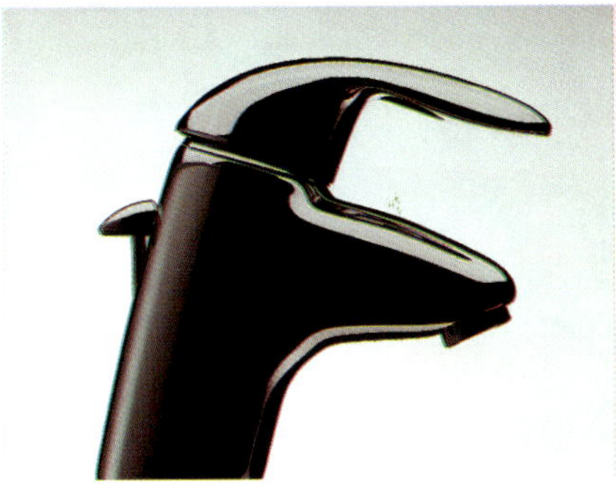

Mezclador mod. Lógica de Roca.

Miscelatore mod. Lógica di Roca.

Misturadora mod. Lógica, de Roca.

Mezclador mod. Monomando M2 de Roca.

Miscelatore mod. Monomando M2 di Roca.

Misturadora mod. Monomando M2, de Roca.

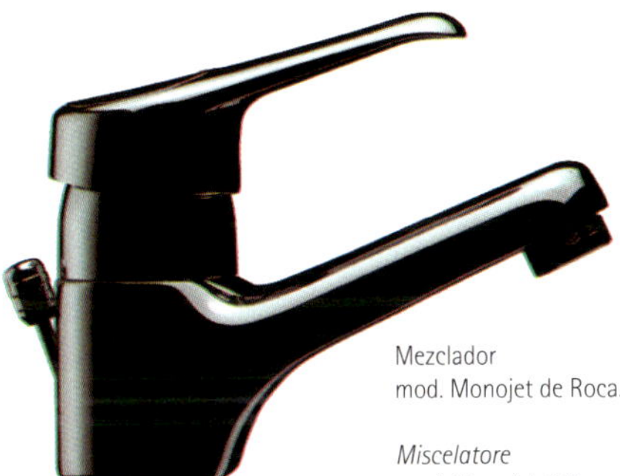

Mezclador mod. Monojet de Roca.

Miscelatore mod. Monojet di Roca.

Misturadora mod. Monojet, de Roca.

Mezclador mod. Monodín de Roca.

Miscelatore mod. Monodín di Roca.

Misturadora mod. Monodín, de Roca.

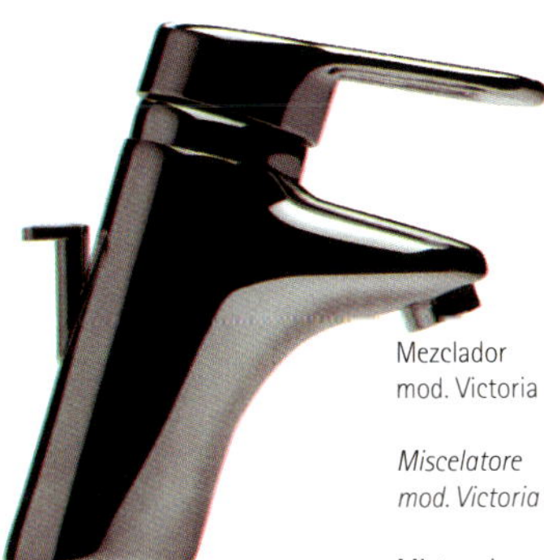

Mezclador mod. Victoria Plus de Roca.

Miscelatore mod. Victoria Plus di Roca.

Misturadora mod. Victoria Plus, de Roca.

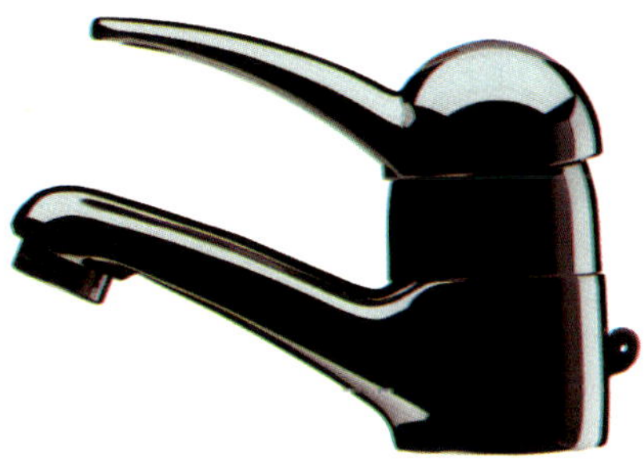

Mezclador mod. Victoria de Roca.

Miscelatore mod. Victoria di Roca.

Misturadora mod. Victoria, de Roca.

Grifo giratorio mod. Panamá de Roca.

Rubinetto mod. Panamá di Roca.

Torneira mod. Panamá, de Roca.

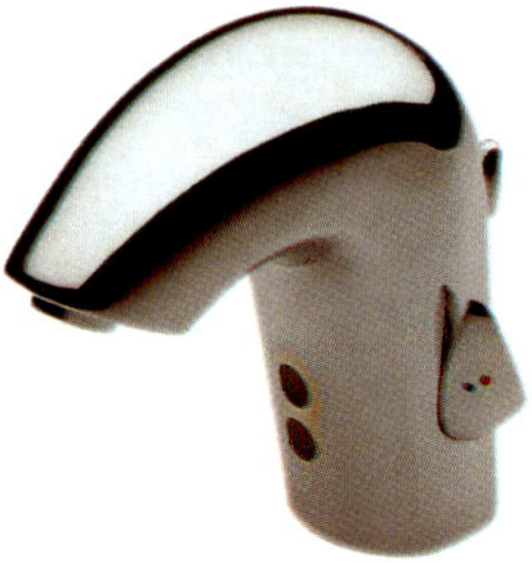

Mezclador electrónico mod. Amura de Roca.

Miscelatore mod. Amura di Roca.

Misturadora mod. Amura, de Roca.

Grifería de baño y ducha
mod. Verona de Roca.

*Rubinetteria per bagno e doccia
mod. Verona di Roca.*

Torneiras de banho e duche,
mod. Verona, de Roca.

Monomando
mod. Modena de Roca.

*Monocomando
mod. Modena di Roca.*

Monomando
mod. Modena, de Roca.

Grifo con palanca
mod. Atai de Roca.

*Rubinetto a leva
mod. Atai di Roca.*

Torneira com alavanca
mod. Atai, de Roca.

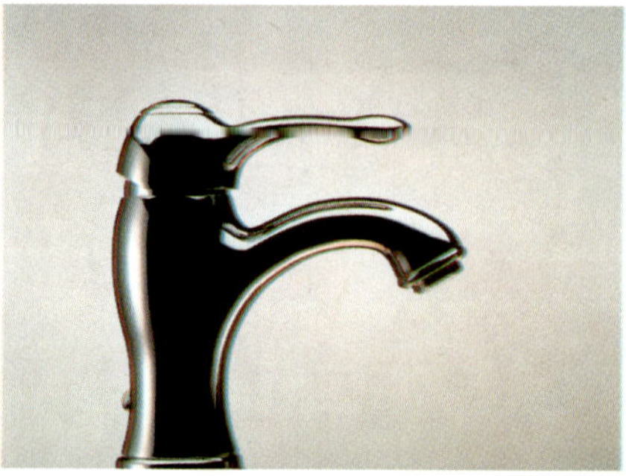

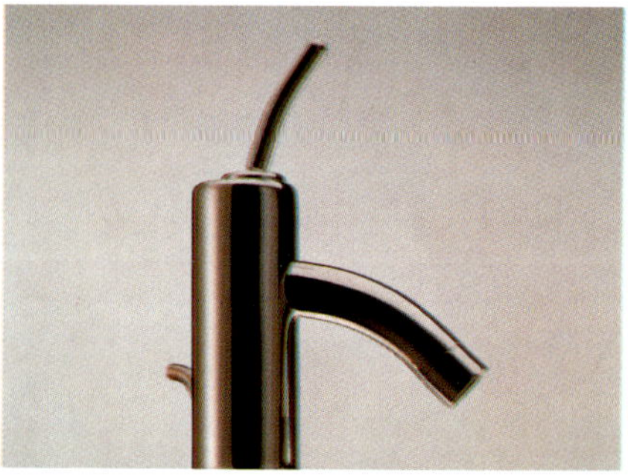

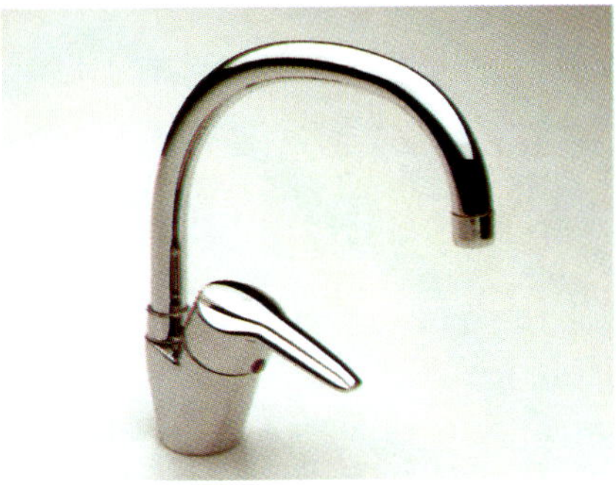

Mezclador con caño giratorio
mod. Lógica de Roca.

*Monocomando con tubo girevole
mod. Lógica di Roca.*

Monomando com braço giratório
mod. Lógica, de Roca.

Mezclador con caño giratorio
mod. Panamá de Roca.

*Miscelatore con tubo girevole
mod. Panamá di Roca.*

Misturadora com braço giratório
mod. Panamá, de Roca.

Monomando con tubo
giratorio mod. Lógica de Roca.

*Monocomando con tubo
girevole mod. Lógica di Roca.*

Monomando com braço
giratório mod. Lógica, de Roca.

Monomando con tubo
giratorio mod. Lógica de Roca.

*Monocomando con tubo
girevole mod. Lógica di Roca.*

Monomando com braço
giratório mod. Lógica, de Roca.

Mezclador mod. Square
de Villeroy.

*Miscelatore mod. Square
di Villeroy.*

Misturadora mod. Square,
de Villeroy.

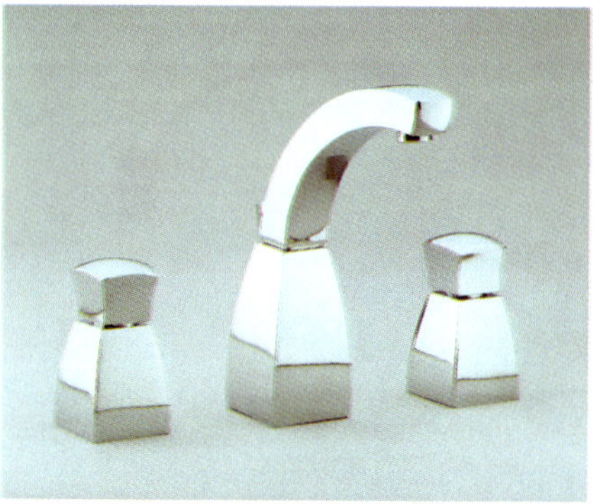

Grifería de repisa
mod. Square de Villeroy.

*Rubinetteria a mensola
mod. Square di Villeroy.*

Torneiras de consola
mod. Square, de Villeroy.

Grifería de repisa
mod. Square de Villeroy.

*Rubinetteria a mensola
mod. Square di Villeroy.*

Torneiras de consola
mod. Square, de Villeroy.

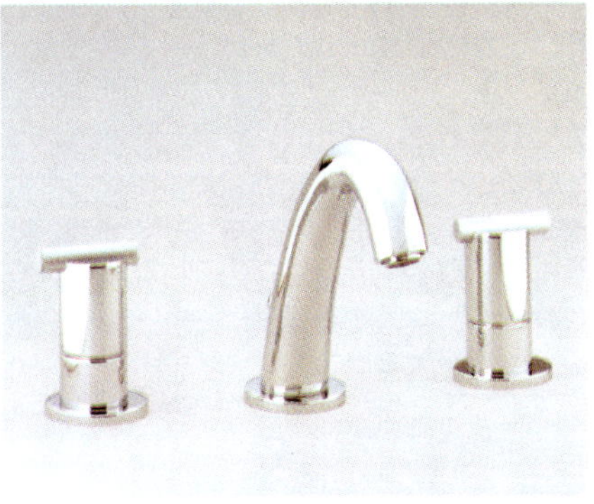

Grifería de repisa
mod. Circle de Villeroy.

Rubinetteria a mensola
mod. Circle de Villeroy.

Torneiras de consola
mod. Circle, de Villeroy.

Monomando
mod. Circle de Villeroy.

Monocomando
mod. Circle di Villeroy.

Monomando
mod. Circle, de Villeroy.

Monomando
mod. Circle de Villeroy.

Monocomando
mod. Circle di Villeroy.

Monomando
mod. Circle, de Villeroy.

Grifería de repisa
mod. Circle de Villeroy.

Rubinetteria a mensola
mod. Circle di Villeroy.

Torneiras de consola
mod. Circle, de Villeroy.

Monomando
mod. Meta de Dornbracht.

Monocomando
mod. Meta di Dornbracht.

Monomando
mod. Meta, de Dornbratch.

Grifería de lavabo y ducha
mod. Tectron de Grohe.

Rubinetteria per lavandino e
doccia mod. Tectron di Grohe.

Torneiras de lavatório e duche
mod. Tectron, de Grohe.

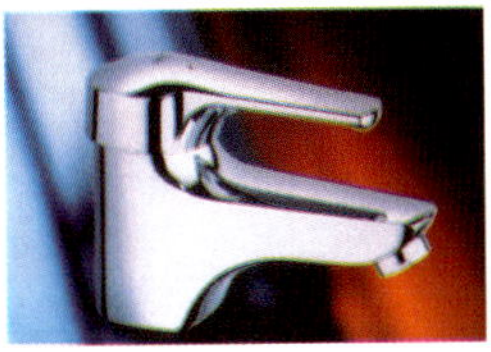

Monomando
mod. Eurosmart de Grohe.

Monocomando
mod. Eurosmart di Grohe.

Monomando
mod. Eurosmart, de Grohe.

Monomando con palanca de cristal
mod. Ectos de Grohe.

Monocomando a leva di vetro
mod. Ectos di Grohe.

Monomando com alavanca de vidro
mod. Ectos, de Grohe.

Bañeras / *Vasche*
Banheiras

Las bañeras modernas presentan una intención lúdica tan manifiesta que la cuestión de la higiene parece relegada a un segundo plano. El equivalente sería el balneario familiar y el culto al cuerpo en un derivado de la ciencia de la salud. Las bañeras se presentan empotradas, adosadas a la pared o exentas. Las minipiscinas son un paso más hacia el ensueño, junto a las prestaciones del hidromasaje o la musicoterapia en algunas soluciones. Los materiales (porcelana, hierro fundido o acrílicos) se moldean para adoptar cualquier forma, por más caprichosa que parezca. Por su parte, los acabados se reparten la misión de garantizar la seguridad del usuario.

Le vasche moderne si presentano con un aspetto così ludico che l'igiene sembra quasi relegata a un secondo piano. L'equivalente sarebbe il balneario famigliare e il culto del corpo in un derivato della scienza della salute. Le vasche si presentano a muro, attacate alla parete o separate. Le minipiscine costituiscono un ulteriore passo avanti verso il paradiso del benessere, insieme alle prestazioni che possiamo trovare in alcune soluzioni come ad esempio l'idromassaggio o la musicoterapia. I materiali (porcellana, ferro battuto o acrilico) vengono modellati fino ad ottenere ogni tipo di forma, anche le più impensabili. Per ciò che riguarda le rifiniture invece hanno il compito di garantire la sicurezza dell'utente.

As banheiras modernas apresentam uma intenção lúdica tão manifesta que a questão da higiene parece relegada para um segundo plano. O equivalente seria o balneário familiar e o culto ao corpo num derivado da ciência da saúde. As banheiras apresentam-se encastradas, anexas à parede ou exentas. As minipiscinas são um passo mais na direcção do sonho, junto às prestações da hidromassagem ou da musicoterapia em algumas soluções. Os materiais (porcelana, ferro forjado ou acrílicos) moldam-se para adoptarem qualquer forma, por mais caprichosa que pareça. Pela sua parte, os acabamentos encarregam-se da missão de garantir a segurança do usuário.

En página anterior
Modelo de Laufen.

Nella pagina precedente
Modello di Laufen.

Na página anterior
Modelo de Laufen.

Bañera oval de Hoesch.

Vasca ovale di Hoesch.

Banheira oval de Hoesch.

Mod. Veranda com biombo Curas.

Mod. Veranda con mampara Curas.

Mod. Veranda com biombo Curas.

Mod. Aruba de Roca.

Mod. Aruba di Roca.

Mod. Aruba, de Roca.

Mod. Varadero de Roca.

Mod. Varadero di Roca.

Mod. Varadero, de Roca.

Mod. Waikiki de Roca.

Mod. Waikiki di Roca.

Mod. Waikiki, de Roca.

Mod. Bali de Roca.

Mod. Bali di Roca.

Mod. Bali, de Roca.

Mod. Waitara angular direita, de Roca.

Mod. Waitara angolare destra di Roca.

Mod. Waitara angular direita, de Roca.

Mod. Waitara angular esquerda, de Roca.

Mod. Waitara angolare sinistra di Roca.

Mod. Waitara angular esquerda, de Roca.

Mod. Hawai con dos respaldos de Roca.

Mod. Hawai con due spalliere di Roca.

Mod. Hawai, com dois encostos, de Roca.

Mod. Fragata de Roca.

Mod. Fragata di Roca.

Mod. Fragata, de Roca.

Mod. Qualia de Roca.

Mod. Qualia di Roca.

Mod. Qualia de Roca.

Mod. Miami de Roca.

Mod. Miami di Roca.

Mod. Miami de Roca.

Mod. Catamarán de Roca.

Mod. Catamarán di Roca.

Mod. Catamaran, de Roca.

Mod. Levante de Roca.

Mod. Levante di Roca.

Mod. Levante, de Roca.

Mod. Sureste de Roca.

Mod. Sureste di Roca.

Mod. Sureste, de Roca.

Mod. Genova de Roca.

Mod. Genova di Roca.

Mod. Genova, de Roca.

Mod. Karmine de Roca.

Mod. Karmine di Roca.

Mod. Karmine, de Roca.

Mod. Athica con pies cromados de Roca.

Mod. Athica con piedini cromati di Roca.

Mod. Athica, com pés cromados, de Roca.

Bañera de Roca.

Vasche di Roca.

Banheira de Roca.

Mod. Miami de Roca.

Mod. Miami di Roca.

Mod. Miami, de Roca.

Mod. Akira de Roca.

Mod. Akira di Roca.

Mod. Akira, de Roca.

Mod. Wing de Roca.

Mod. Wing di Roca.

Mod. Wing, de Roca.

Mod. Malibu de Roca.

Mod. Malibu di Roca.

Mod. Malibu, de Roca.

Mod. Continental de Roca.

Mod. Continental di Roca.

Mod. Continental, de Roca.

Mod. Haití de Roca.

Mod. Haití di Roca.

Mod. Haití de Roca.

Mod. Swing de Roca.

Mod. Swing di Roca.

Mod. Swing, de Roca.

Mod. Malibú de Roca.

Mod. Malibú di Roca.

Mod. Malibú de Roca.

Bañaseo Contesa de Roca.

Bagnetto Contesa di Roca.

Mod. Contesa, de Roca.

Mod. Duet de Roca.

Mod. Duet di Roca.

Mod. Duet de Roca.

Minipiscina Holiday de Roca.

Minipiscina Holiday di Roca.

Minipiscina Holiday, de Roca.

Minipiscina Be Happy de Roca.

Minipiscina Be Happy di Roca.

Minipiscina Be Happy, de Roca.

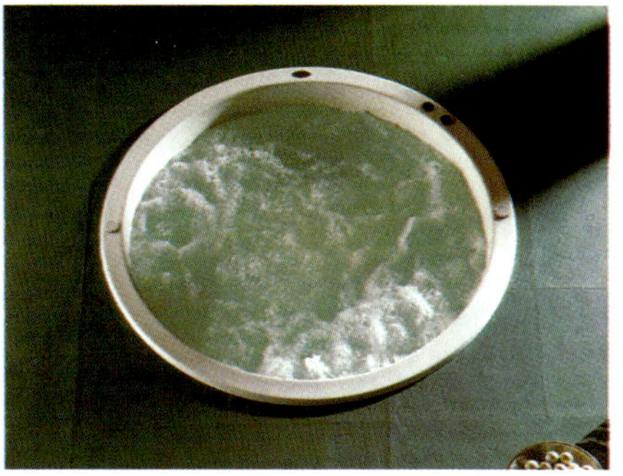

Mod. Swing de Roca.

Mod. Swing di Roca.

Mod. Swing de Roca.

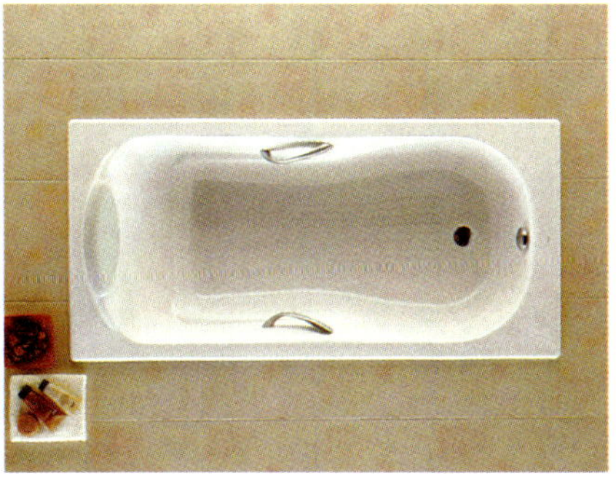

Mod. Haití 2000 de Roca.

Mod. Haití 2000 di Roca.

Mod. Haití 2000 de Roca.

Mod. Catamarán de Roca.

Mod. Catamarán di Roca.

Mod. Catamarán de Roca.

Mod. Waitara de Roca.

Mod. Waitara di Roca.

Mod. Waitara de Roca.

Mod. Qualia de Roca.

Mod. Qualia di Roca.

Mod. Qualia de Roca.

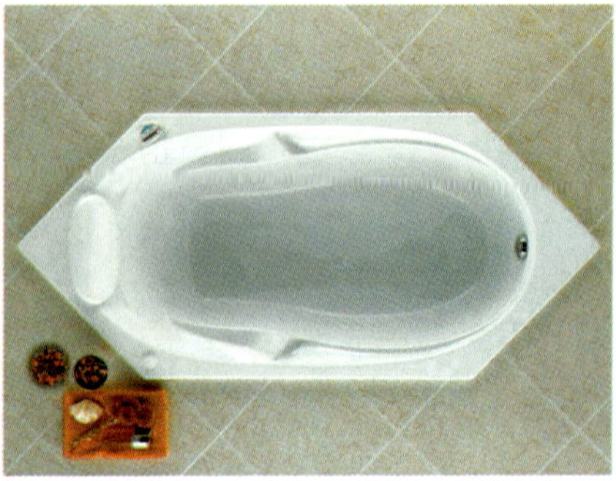

Mod. Genova de Roca.

Mod. Genova di Roca.

Mod. Genova de Roca.

Mod. Veranda de Roca.

Mod. Veranda di Roca.

Mod. Veranda de Roca.

Mod. Levante de Roca.

Mod. Levante di Roca.

Mod. Levante de Roca.

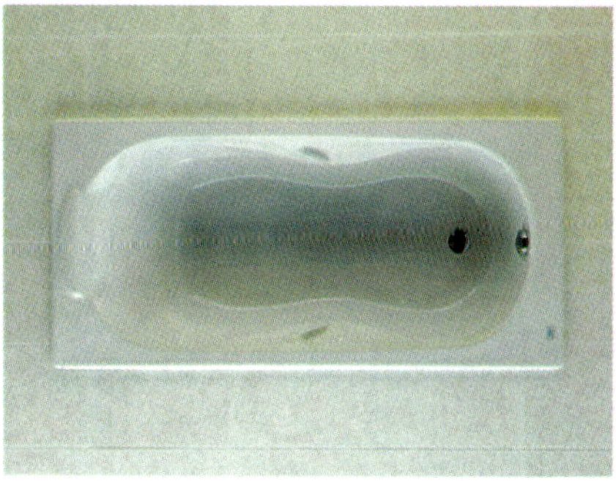

Mod. Genova de Roca.

Mod. Genova di Roca.

Mod. Genova de Roca.

Mod. Bali de Roca.

Mod. Bali di Roca.

Mod. Bali, de Roca.

Mod. Jamaica de Roca.

Mod. Jamaica di Roca

Mod. Jamaica de Roca.

Mod. Varadero de Roca.

Mod. Varadero di Roca.

Mod. Varadero, de Roca.

Mod. Duet de Roca.

Mod. Duet di Roca.

Mod. Duet, de Roca.

Mod. Veranda de Roca.

Mod. Veranda di Roca.

Mod. Veranda, de Roca.

Bañera ovalada exenta de Hoesch.

Vasca ovale separata di Hoesch.

Banheira ovalada exenta, de Hoesch.

Bañera ovalada de pared de Hoesch.

Vasca ovale a muro di Hoesch.

Banheira ovalada de parede, de Hoesch.

Bañera y ducha en un espacio
aparte del resto del baño.

Vasca e doccia in un'area appartata dal resto del bagno.

Banheira e chuveiro num espaço àparte do resto da casa de banho.

Bañera antigua de época similar a los modelos que fueron usuales en el siglo XIX.

Vasca antica d'epoca simile ai modelli che si usavano nel XIX secolo.

Banheira antiga de época, similar às que foram usuais no século XIX.

Una antigua bañera de fundición restaurada y una batería con mandos de porcelana rememoran los legendarios baños de balneario.

Una vasca antica in ghisa restaurata e una batteria con comandi di porcellana che ricordano i leggendari bagni di un balneario.

Uma antiga banheira de ferro forjado restaurada, e uma bateria com comandos de porcelana, recordam as legendárias casas de banho de termas.

System
volume
System
S

Duchas / *Docce*
Chuveiros

Tomar una ducha ya no es una actividad higiénica que se realiza a toda prisa sino una ocasión más de procurarse un placer realizando una actividad equivalente a una sesión de ejercicio físico. Las nuevas cabinas de hidromasaje o sauna llevan al hogar los cuidados que hasta hace poco eran propios de los centros de belleza, ocupando el mismo espacio que una ducha convencional. Las ventajas se encuentran en su interior, en toda una jerarquía de mandos para emitir diferentes modalidades de flujos acuáticos que masajean el cuerpo aquí y allá hasta lograr una sensación de bienestar general. Los platos de ducha juegan a reducir su grosor con materiales muy resistentes y sin merma de la seguridad imprescindible.

Farsi la doccia non è più solo una semplice attività di pulizia che si realizza velocemente ma una occasione in più per procurarsi un piacere realizzando una attività equivalente a una sessione di esercizio fisico. Le nuove cabine di idromassaggio o sauna portano a casa le cure corporee che fino a qualche tempo fa erano esclusiva dei centri di bellezza, senza occupare più spazio di una doccia convenzionale. I vantaggi si trovano all'interno della doccia, dove troviamo una serie di comandi che consentono di selezionare, a piacere, diverse modalità di flussi d'acqua che massaggiano il corpo fino a dare una sensazione di benessere generale. I piatti della doccia riducono il loro spessore con materiali molto resistenti senza dimenticare la sicurezza.

Tomar um duche já não é uma actividade higiénica que se realiza com toda a pressa, mas sim mais uma ocasião para procurar um prazer, realizando uma actividade equivalente a uma sessão de exercício físico. As novas cabines de hidromassagem ou sauna levam ao nosso lar os cuidados que até há pouco tempo eram exclusivos dos centros de beleza, ocupando o mesmo espaço que um chuveiro convencional. As vantagens encontram-se no seu interior, em toda uma hierarquia de comandos para emitir diferentes modalidades de fluxos aquáticos, que massajam o corpo aqui e ali até lograr uma sensação de bem estar geral. Os polibans reduzem a sua grossura com materiais muito resistentes e sem qualquer perda da segurança imprescindível.

En página anterior
Mod. Network de Magma.

*Nella pagina precedente
Mod. Network di Magma.*

Na página anterior
Mod. Network, de Magma.

Detalle del borde del plato Network.

Dettaglio del bordo del piatto Network.

Detalhe da borda do poliban Network.

Columna de hidromasaje
Aquakit Comfort de Roca.

Colonna di idromassaggio
Aquakit Comfort di Roca.

Coluna de hidromassagem
Aquakit Comfort, de Roca.

Detalle la columna Aquakit.

Dettaglio la colonna Aquakit.

Detalhe da Coluna Aquakit.

Cabina de hidrosauna
Aquakit Plus Ducha de Roca.

Cabina di idrosauna
Aquakit Plus Ducha di Roca

Cabina de hidromassagem
Aquakit Plus Duche, de Roca.

Cabina de hidromasaje mod. Aquatech S de Roca.

Cabina di idromassaggio mod. Aquatech S di Roca.

Cabina de hidromassagem mod. Aquatech S de Roca.

Cabina de hidromasaje de Roca.

Cabina di idromassaggio di Roca.

Cabina de hidromassagem, de Roca.

Cabina de hidromasaje mod. Aquatech Club de Roca.

Cabina di idromassaggio mod. Aquatech Club di Roca.

Cabina de hidromassagem Aquatech Club, de Roca.

Mampara Quartz para plato de ducha mod. Paradise de Roca.

Mampara Quartz per piatto doccia mod. Paradise di Roca.

Biombo Quartz para poliban mod. Paradise, de Roca.

Mampara Quartz para plato mod. Malta angular de Roca.

Mampara Quartz pe piatto mod. Malta angular di Roca.

Biombo Quartz para poliban mod. Malta angular, de Roca.

Cabina de hidromasaje
Aquakit Basic de Roca.

*Cabina di idromassaggio
Aquakit Basic di Roca.*

Cabina de hidromassagem
Aquakit Basic, de Roca.

Columna de hidromasaje para
bañera Aquakit Comfort de Roca.

*Colonna di idromassaggio per
vasca Aquakit Comfort di Roca.*

Coluna de hidromassagem para
banheira Aquakit Comfort, de
Roca.

Cabina mod. Aquakit Plus
Vapor de Roca.

*Cabina mod. Aquakit Plus
Vapor di Roca.*

Cabina mod. Aquakit Plus
Vapor, de Roca.

Columna hidromasaje
de rincón Aquakit de Roca.

*Colonna idromassaggio
ad angolo Aquakit di Roca.*

Coluna de hidromassagem
de canto Aquakit, de Roca.

Mampara mod. Supra L2 de Roca.

Mampara mod. Supra L2 di Roca.

Biombo Supra L2, de Roca.

Mampara Quartz MR de Roca.

Mampara Quartz MR di Roca.

Biombo Quartz Mr, de Roca.

Baño de vapor doble de Hoesch.

Baño de vapor doble de Hoesch.

Banho de vapor duplo, de Hoesch.

Cabina de vapor individual
de Hoesch.

*Cabina a vapore singola
di Hoesch.*

Cabina de vapor individual,
de Hoesch.

Mampara para ducha de Hoesch.

Mampara per doccia di Hoesch.

Biombo para chuveiro de Hoesch.

Plato de ducha
mod. Notario de Roca.

*Piatto doccia
mod. Notario di Roca.*

Poliban
mod. Notario de Roca.

Plato de ducha extraplano
mod. Flamingo de Roca.

*Piatto doccia ultrapiatto mod.
Flamingo di Roca.*

Poliban mod. Flamingo,
de Roca.

Plato de ducha extraplano
mod. Opening de Roca.

*Piatto doccia ultrapiatto
mod. Opening di Roca.*

Poliban mod. Opening,
de Roca.

Plato de ducha extraplano
mod. Veranda de Roca.

*Piatto doccia ultrapiatto
mod. Veranda di Roca.*

Poliban mod. Veranda,
de Roca.

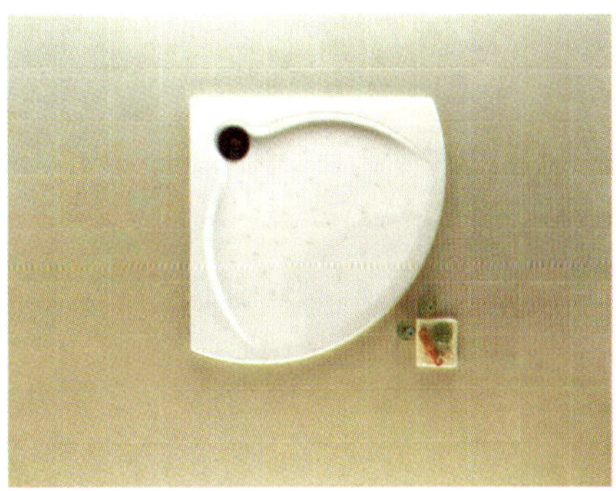

Iluminación / *Illuminazione*
Iluminaçao

Las luces del cuarto de baño se diseñan para crear un ambiente agradable en la estancia combinándose con unos puntos de luz concretos cerca del espejo. Éstos tienen que ser precisos pero también embellecedores. Los apliques son la solución más usual para el baño, unas veces con halógenas y otras con focos convencionales. La temporada permite incorporar "locuras" heredadas del estilo liberty pasada por el cedazo de nuevos materiales. Una artesanía de lujo con el sello de autor.

Le luci della stanza da bagno devono creare un ambiente gradevole e si devono combinare con alcuni punti di luce concreti vicino allo specchio. Questi punti devono essere precisi, ma devono anche contribuire all'estetica. I faretti sono la soluzione più comune per il bagno, a volte sono alogeni e altre sono semplici faretti convenzionali. La stagione attuale consente di incorporare "pazzie" ereditate dallo stile liberty rivisitate utilizzando nuovi materiali. Un artigianato di lusso con il marchio d'autore.

As luzes da casa de banho estão pensadas para criar um ambiente agradável na divisão, combinando-se com uns pontos de luz concretos perto do espelho. Estes têm que ser precisos mas também embelezadores. Os apliques são a solução mais usual para a casa de banho, umas vezes com halogénicos e outras com focos convencionais. A temporada permite incorporar "loucuras" herdadas do estilo Liberty passadas pela peneira dos novos materiais. Um artesanato de luxo com selo de autor.

En página anterior
Mod. Quadri de Tulli.

Nella pagina precedente
Mod. Quadri di Tulli.

Na página anterior
Mod. Quadri, de Tulli.

Aplique mod. Ab
de Teo-Gaia/Elledue.

Faretto a muro mod. Ab
di Teo-Gaia/Elledue.

Aplique mod. AB,
de Teo-Gaia/Elledue.

Apliques Dicros I de Roca.

Faretti a muro Dicros I di Roca.

Apliques Dicros I, de Roca.

Foco de Roca.

Faretto di Roca.

Foco de Roca.

Apliques Veranda de Roca.

Faretti a muro Veranda di Roca.

Apliques Veranda, de Roca.

Foco de Roca.

Faretto di Roca.

Foco de Roca.

Apliques Delta de Roca.

Faretti a muro Delta di Roca.

Apliques Delta, de Roca.

Lámpara con pantalla
de cristal de Elledue.

*Lampada con paralume
di vetro di Elledue.*

Candeeiro com quebra-luz
de cristal, de Elledue.

Detalle de una lámpara
Elledue.

*Dettaglio di una lampada
Elledue.*

Detalhe de um candeeiro
Elledue.

Aplique de tocador de Elledue.

Faretto di tavolino di Elledue.

Aplique de toucador Elledue.

Mod. Lava Bath Roll de Alchemy.

Mod. Lava Bath Roll di Alchemy.

Mod. Lava Bath Roll, de Alchemy.

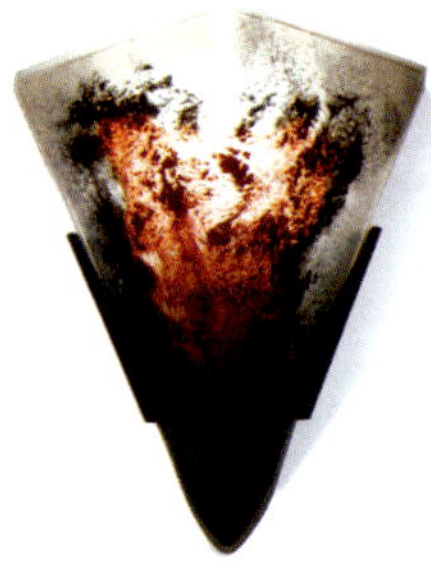

Mod. Lava V-Sconce de Alchemy.

Mod. Lava V-Sconce di Alchemy.

Mod. Lava V-Sconce, de Alchemy.

Mod. Fallen Leaves de Alchemy.

Mod. Fallen Leaves di Alchemy.

Mod. Fallen Leaves, de Alchemy.

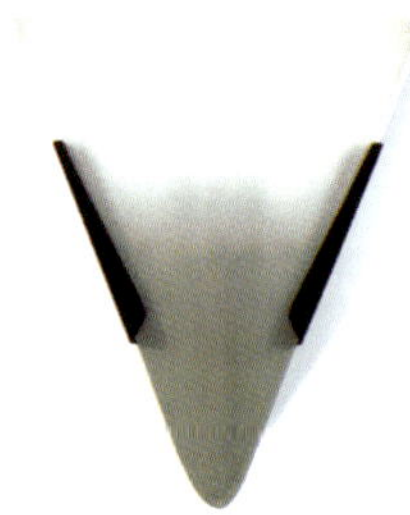

Mod. Twilight Glass de Alchemy.

Mod. Twilight Glass di Alchemy.

Mod. Twilight Glass, de Alchemy.

Mod. Koper Mesh de Alchemy.

Mod. Koper Mesh di Alchemy.

Mod. Koper Mesh, de Alchemy.

Mod. Fallen Leaves Pendant de Alchemy.

Mod. Fallen Leaves Pendant di Alchemy.

Mod. Fallen Leaves Pendant, de Alchemy.

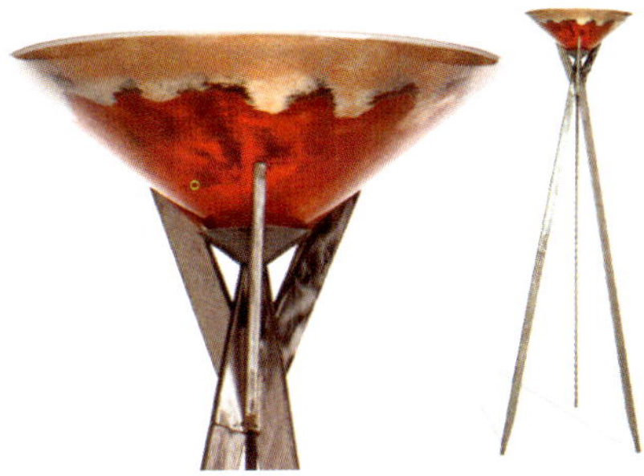

Mod. Tribe Torciere de Alchemy.

Mod. Tribe Torciere di Alchemy.

Mod. Tribe Torciere, de Alchemy.

Mod. Copper Mesh Pendant de Alchemy.

Mod. Copper Mesh Pendant di Alchemy.

Mod. Copper Mesh Pendant, de Alchemy.

Mod. MacMurphy de Alchemy.

Mod. MacMurphy di Alchemy.

Mod. MacMurphy, de Alchemy.

Mod. Lava Cienaga Pendant de Alchemy.

Mod. Lava Cienaga Pendant di Alchemy.

Mod. Lava Cienaga Pendant, de Alchemy.

Mod. Nagano de Villeroy.

Mod. Nagano di Villeroy.

Mod. Nagano, de Villeroy.

Focos de tocador serie Zodiaco de Copat.

Faretti per tavolino serie Zodiaco di Copat.

Focos de toucador série Zodiaco, de Copat.

Detalle de los focos Copat.

Dettaglio dei faretti Copat.

Detalhe dos focos Copat.

Mod. Nagano de Villeroy.

Mod. Nagano di Villeroy.

Mod. Nagano, de Villeroy.

Mod. Arpasia de Valery Jean-Marie.

Mod. Arpasia di Valery Jean-Marie.

Mod. Arpasia, de Valery Jean-Marie.

Mod. Goccia Studio de Veart.

Mod. Goccia Studio di Veart.

Mod. Goccia Studio, de Veart.

Mod. Amanita de Humberto Riva.

Mod. Amanita di Humberto Riva.

Mod. Amanita, de Humberto Riva.

Mod. Bubbola de U. Riva.

Mod. Bubbola di U. Riva.

Mod. Bubbola, de U. Riva.

Mod. Zsu-Zsu de Orni Hallowen.

Mod. Zsu-Zsu di Orni Hallowen

Mod. Zsu-Zsu, de Orni Hallowen.

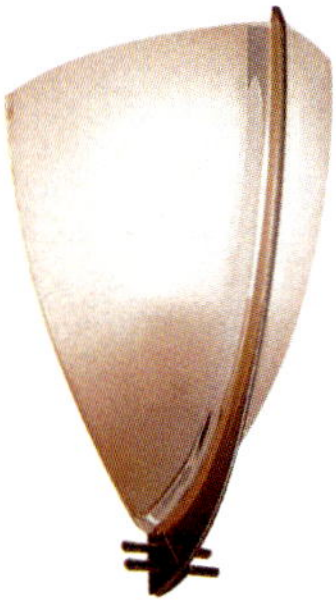

Mod. Vesta de Gismondi i Fesina.

Mod. Vesta di Gismondi e Fesina.

Mod. Vesta, de Gismondi e Fesina.

Mod. Boli de Artemide.

Mod. Boli di Artemide.

Mod. Boli, de Artemide.

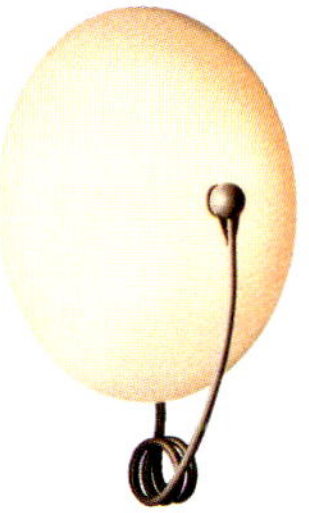

Mod. Gitana de J. Cerutti.

Mod. Gitana di J. Cerutti.

Mod. Gitana, de J. Cerutti.

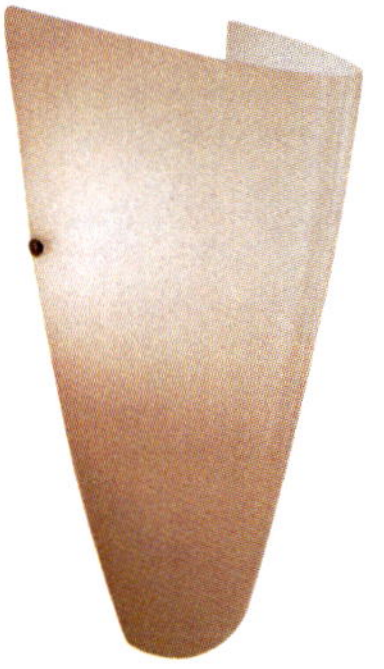

Mod. Masha de J. Cerutti.

Mod. Masha di J. Cerutti.

Mod. Masha, de J. Cerutti.

Mod. Iole de Gismondi i Fesina.

Mod. Iole di Gismondi e Fesina.

Mod. Iole, de Gismondi e Fesina.

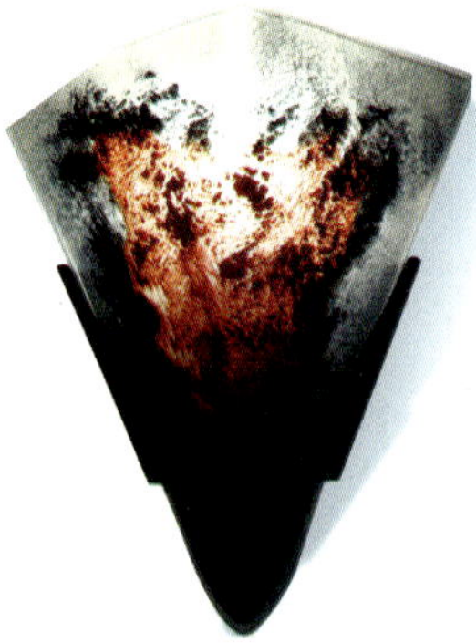

Mod. Lava Cienega de Alchemy.

Mod. Lava Cienega di Alchemy.

Mod. Lava Cienega, de Alchemy.

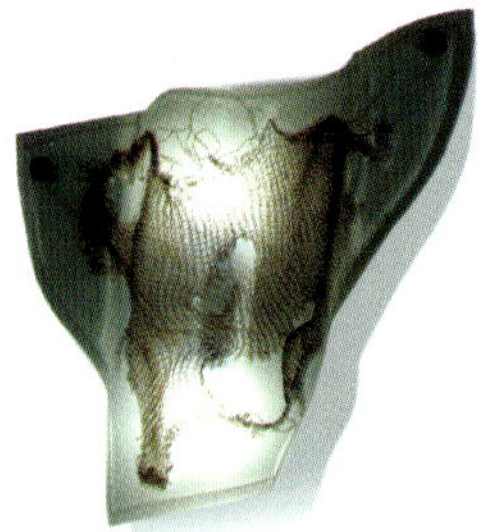

Mod. Copper Mesh Wave Sconce de Alchemy.

Mod. Copper Mesh Wave Sconce di Alchemy.

Mod. Copper Mesh Wave Sconce, de Alchemy.

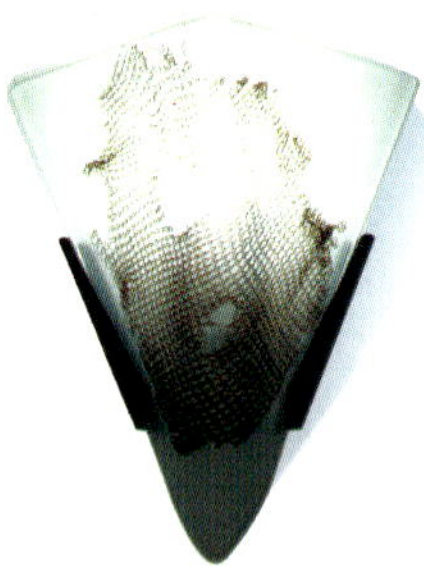

Mod. Copper Mesh V-Sconce de Alchemy.

Mod. Copper Mesh V-Sconce di Alchemy.

Mod. Copper Mesh V-Sconce, de Alchemy.

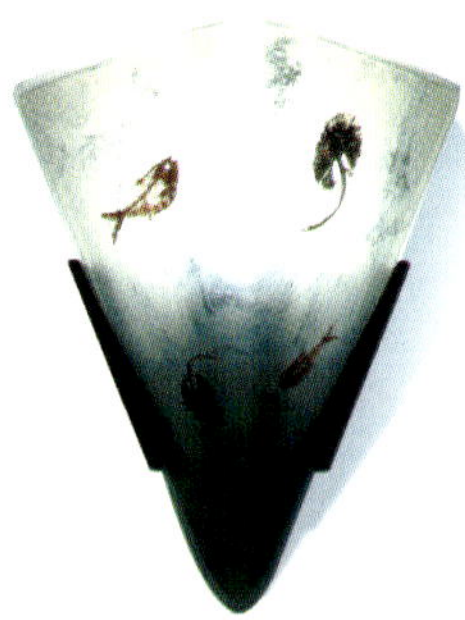

Mod. Burnished Fossil V-Sconce de Alchemy.

Mod. Burnished Fossil V-Sconce di Alchemy.

Mod. Burnished Fossil V-Sconce, de Alchemy.

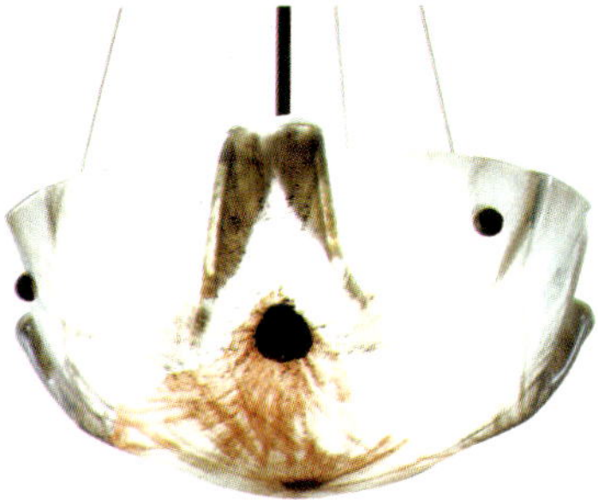

Mod. Cienega Explosions Bowl de Alchemy.

Mod. Cienega Explosions Bowl di Alchemy.

Mod. Cienega Explosions Bowl, de Alchemy.

Mod. Cienega Explosions Pendant de Alchemy.

Mod. Cienega Explosions Pendant di Alchemy.

Mod. Cienega Explosions Pendant, de Alchemy.

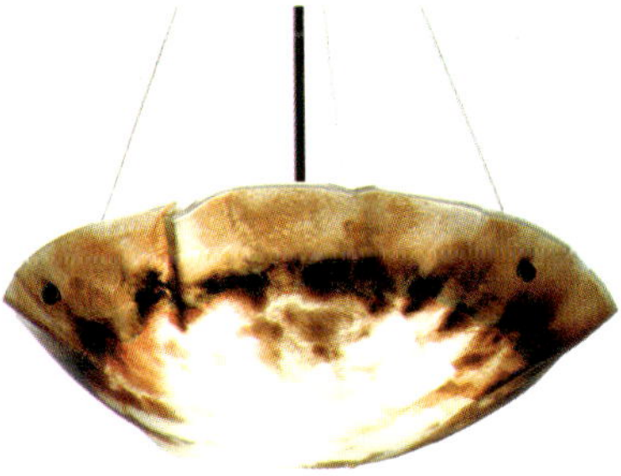

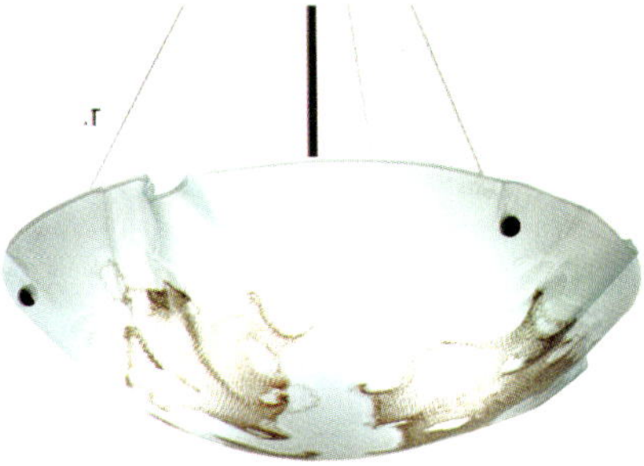

Mod. Copper Mesh Pendant de Alchemy.

Mod. Copper Mesh Pendant di Alchemy.

Mod. Copper Mesh Pendant, de Alchemy.

Mod. Cienega Explosions Bowl de Alchemy.

Mod. Cienega Explosions Bowl di Alchemy.

Mod. Cienega Explosions Bowl, de Alchemy.